# Racconti del Novecento

## Forti e deboli

EDITED BY

## ILENE T. OLKEN
University of Michigan

# Racconti del Novecento
## Forti e deboli

NEW YORK

# APPLETON-CENTURY-CROFTS
Division of Meredith Publishing Company

# ACKNOWLEDGMENTS

*p. 2*   Casa Editrice Valentino Bompiani & C., Milan, for Ennio Flaiano's "Il tunnel"
from *Diario notturno,* 1956.

*p. 7*   Arnoldo Mondadori Editore, Milan, for Ada Negri's "Stania" from *Di giorno in
giorno,* 1932.

*p. 14*   Aldo Garzanti Editore S.A.S., Milan, for Corrado Alvaro's "Teresita" from *Gente
in Aspromonte,* 1930.

*p. 22*   Giulio Einaudi Editore S.p.A., Torino, for "Il giardino incantato" from *I racconti,*
1958.

*p. 28*   Arnoldo Mondadori Editore, Milan, for Mario Soldati's "Il gabbiano" from *I
racconti,* 1957.

*p. 34*   Arnoldo Mondadori Editore, Milan, for Grazzia Deledda's "Un grido nella notte"
from *Romanzi e novelle,* vol. 1, 1941.

*p. 42*   Giulio Einaudi Editore S.p.A., Torino, for Cesare Pavese's "Si parva licet" from
*Racconti,* 1960.

*p. 54*   Casa Editrice Valentino Bompiani & C., Milan, for Alberto Moravia's "Banca
dell'amore" from *Nuovi racconti romani,* 1959.

*p. 62*   Vallecchi Editore S.p.A., Florence, for Bruno Cicognani's "Faustino" from *Le
novelle,* 1955.

*p. 71*   Arnoldo Mondadori Editore, Milan, for Aldo Palazzeschi's "Giulietta e Romeo"
from *Tutte le novelle,* 1957.

*pp. 78, 82,*   Rizzoli Editore S.p.A., Milan, for Giovannino Guareschi's "Peccato con-
fessato" and "Scuola serale" from *Mondo piccolo: Don Camillo,* 1948.

*p. 89*   John Calder (Publishers) Ltd. for Dino Buzzati's "Sette piani." By permission
from John Calder (Publishers) Ltd., London, from a forthcoming volume of short
stories by Dino Buzzati.

# PREFACE

Contemporary Italian literature is now the object of great interest in the United States, an interest which is manifesting itself increasingly in the colleges and universities. Yet, there remains a paucity of appropriate and *up-to-date* reading material, particularly by those writers who have established themselves in recent decades. It is the aim of this book to present the student with stories that typify the various directions that have been taken and are being currently cultivated by Italian writers of merit.

The selections are representative of several important trends in the twentieth century. Narrative technique, setting and subject matter are purposely varied and illustrate both the serious and light side of the Italian scene as viewed by the authors who are its most discerning commentators. There are lacunae, but this is inevitable given the limited scope of a text edition. There appears in the appendix a list of authors and titles which will serve as a guide to further reading, as well as a brief bibliography of general works which treat the authors represented.

The material is arranged according to increasing difficulty of language and syntax, rather than chronologically, and has been chosen with the second-year student in mind. The end vocabulary is extensive, and exercises of several different types are included for drill and comprehension. A brief biography of the author accompanies each story.

I.T.O.

# CONTENTS

# Ennio Flaiano

*(1910-    )*

Ennio Flaiano was born in Pescara and studied architecture, but turned to journalism as a career, beginning with theater reviews, then contributing regularly to *Il Mondo* and *Corriere della Sera*. His first book, a novel, *Tempo di uccidere,* appeared in 1947. It describes the hilarious and at the same time tragic adventures of a soldier in the African campaign, based on Flaiano's own experiences as an officer during the Second World War. This first volume reveals the subjects and treatment that are typical of most of Flaiano's writing, particularly in the paradoxical handling of human relationships and problems. The next full-length publication, *Diario notturno* (1956), includes articles published earlier in *Il Mondo,* as well as several new titles, and includes "Il tunnel" under the rubric, "Sei raccontini utili." Irony and skepticism characterize this work, in which the author uses the events he describes as a point of departure for a sharp portrayal of the various aspects of disillusionment. More recently, in *Una e una notte* (1959), the protagonists of the two fairly long stories are faced with the questions of reality and liberty, and illustrate Flaiano's existential leanings.

It is not surprising that on the basis of his continuing interest in drama, Flaiano has collaborated with Federico Fellini as scenarist for *La dolce vita* and other films. The artistic personalities of both these men, as well as Fellini's interest in the journalist-protagonist have supplied the vehicle for a vivid interpretation of the solitude of the individual in modern society. Flaiano has also written a comedy, *Un marziano a Roma* (1960), for Vittorio Gassman's repertory players.

# Il tunnel

Si parlava oggi degli avvenimenti che turbano il mondo (1940) e, non ricordo a che proposito, G. ha raccontato questa storia:

È l'avventura di un capostazione. Un certo pomeriggio quel brav'uomo — il nome l'ho dimenticato — sta passeggiando sulla ₅ banchina, in attesa di un treno che dovrà sbucare dal vicino tunnel.

La stazione è piccola, lontano dal paese e pochissimo frequentata. Quel giorno nemmeno un viaggiatore aspetta l'accelerato e il facchino, vinto dal caldo, dorme nella sala ₁₀ d'aspetto di terza classe. Fuori, il paesaggio sembra svaporarsi nel silenzio. Il tunnel è appena a mezzo chilometro dal fabbricato della stazione, e si inoltra dentro la montagna compiendovi qualche largo giro per sortire più a valle. La linea, dunque, è in pendenza; e i treni che vengono da S. faticano sempre un poco a ₁₅ salire, ma rispettano tuttavia l'orario.

Il capostazione, per ingannare l'attesa,[1] sta pensando alla monotonia della vita — pensiero che occupa principalmente l'animo dei capostazione, costretti a regolare il moto altrui col sacrificio della propria mobilità — e rimpiange di non aver scelto ₂₀ una diversa carriera, quella, per esempio, del capitano di lungo

[1] **per... l'attesa**  in order to kill time

corso. Egli fantastica di paesi nuovi, sempre nuove avventure, in
una vaga irresponsabilità marina.

Il rumore di un treno lo scuote da queste fantasticherie. Si
25 meraviglia tra sè, pensando che non è possibile un anticipo di
cinque minuti sull'orario; e, poi, il rumore non gli sembra
provenire dall'imbocco del tunnel. Guarda difatti verso il tunnel:
niente. Ma il rumore si fa insistente e vicino, cresce, lo si potrebbe,
volendo, scambiare per il frastuono di un autocarro che transiti a
30 valle. Ma no! Guardando dalla parte opposta, il capostazione vede
giungere allegra e a tutta velocità una enorme motrice elettrica,
nuova di fabbrica. Questo particolare il capostazione lo arguisce
dal fatto che la motrice è dipinta di fresco.

Sulle prime il capostazione non sa rendersi conto di quella
35 irregolare presenza: sarà di certo — pensa — una motrice mandata
in aiuto al convoglio che sta per arrivare, benchè il telegrafo non
gli abbia fatto sapere nulla. O sarà una motrice in collaudo... Ma,
allora, perchè non accenna a fermarsi?

Debbo aggiungere che il capostazione ebbe subito la per-
40 cezione di quel che stava succedendo. Non era uno sciocco. Ma,
di carattere piuttosto tranquillo, volentieri rifiutò la prima
terribile ipotesi che gli era balenata in mente. Anzi, se questa
sottigliezza può essere creduta, per un istante egli negò addirittura
la presenza della motrice, come contraria al regolamento e agli
45 ordini di servizio. L'abitudine gli aveva insegnato che bisogna
rifiutare la verità non prevista.

Quando però vide al finestrino della motrice un uomo, certo
il macchinista, agitare le braccia come un pazzo, ebbe confermata
l'intuizione della sciagura, e si confuse maggiormente. Pensò che
50 forse s'era rotto il ponte, o che era scoppiata la guerra (si
attendeva la notizia di ora in ora), o che il macchinista si sentiva
male o...

La macchina intanto si avvicinava: indietreggiando per non
essere travolto dal risucchio dell'aria, il capostazione vide il
55 macchinista, un tale ch'egli conosceva bene, ora immobile e con
gli occhi sbarrati, il viso bianco dal terrore. Passando, quell'uomo
aprì la bocca (sembrava ormai disperato di farsi sentire) e, senza
che la voce gli uscisse di gola, sillabò distintamente la parola:
aiuto.

60 Già la macchina era lontana quando il capostazione capì che

quella motrice, trovandosi in discesa, aveva rotto i freni e correva
ora a suo piacere; o, meglio, correva obbedendo alla legge del
moto uniformemente accelerato. Più stupefatto che impaurito, il
capostazione la vide che imboccava il tunnel come un topo im-
bocca la tana, quasi per sfuggire a un pericolo. Subito dopo gli    65
sembrò di aver sognato. Il nero ovale del tunnel stava là, indifferente, senza vomitare nemmeno un poco di fumo; e questo si
capisce perchè la motrice era elettrica. Tuttavia, l'assenza di fumo
(il capostazione era ancora abituato alle vecchie locomotive), gli
sembrò rassicurante.                                                70

Eppure... D'improvviso il capostazione si dette una terribile
manata sulla fronte. Niente sarebbe riuscito a fermare quella
locomotiva, niente, se non la prossima salita! Ma subito ricordò
che di salite non ve n'erano per almeno venti chilometri. E che
c'era, invece, il treno in arrivo.                                  75

Quasi per confermare ironicamente questa certezza il campanello della banchina cominciò a tintinnare; e quel tintinnìo
così caro e nostalgico sembrò stavolta il martellare di una
campana a morto. Il treno era dunque partito dalla stazione
posta all'altra estremità del tunnel e tra pochi minuti avrebbe    80
imboccato il tunnel, inoltrandosi fiducioso in quel buio e per
quella salita.

Sulla soglia della sala d'aspetto di terza classe apparve il
facchino, assonnato, sporco e felice. Sorrise automaticamente
toccandosi il berretto[2] e si avviò verso il chiosco delle latrine. Il  85
capostazione si scosse. Bisognava fare qualcosa e toccava a lui
pensarci.[3]

Una probabilità di salvare il treno l'aveva già sciupata non
mandando la motrice a fracassarsi sul binario morto. Forse
avrebbe fatto in tempo. O forse no. Ma, insomma, se avesse      90
tentato! Ma poteva egli immaginare una cosa simile, in una
stazione tranquilla come la sua?

E, d'altro canto, avrebbe potuto uccidere un macchinista? Là,
sotto il tunnel, quello che sarebbe successo, dopotutto, non lo
riguardava. Riguardava un essere molto più potente di lui,      95
padrone di far miracoli. Subentravano altre responsabilità.

[2] **toccandosi il berretto**   touching his cap (*as a sign of respect to a superior*)
[3] **toccava... pensarci**   it was up to him to see to it

Non sapendo tuttavia che fare, il capostazione cercava aiuto e consiglio alle cose che lo circondavano, ai binari, alle tabelle di lavagna, ai fili di rame. Ebbe da quelli l'idea di togliere la corrente dalla linea. Pensò che, togliendo la corrente, l'urto sarebbe perlomeno attutito: uno dei corpi, il treno in salita, sarebbe stato fermo al momento dell'urto.

Tolse difatti la corrente, e di nuovo fu sulla banchina, quasi che la sua presenza fosse ora indispensabile. Il facchino usciva in quel momento dal chiosco delle latrine e stava accendendo la pipa, tutto immerso nella voluttà di quella tenace operazione. Il capostazione provò per lui un'invidia cocente: e quasi svenne al pensiero di quei viaggiatori ora piombati nel buio, laggiù nel tunnel, ma fiduciosi e fors'anche divertiti dall'incidente... Di nuovo si scosse e, chiamato a gran voce il telegrafista, gli ordinò di chiedere soccorso per un gran numero di feriti.

«Quali feriti?», domandò il telegrafista.

«Aspetta e vedrai...», rispose il capostazione irritato, senza poter nascondere tuttavia un sorriso assai triste.

Sudava freddo. Sedette sul marciapiede, le gambe non lo reggevano più. Vecchi ricordi di esami andati male gli ritornavano alla memoria. Tra sè pensava che la sua carriera era troncata. Ma questo pensiero gli era quasi di conforto, come conforta il pensiero di ogni giusta punizione. Di più lo turbava ora l'idea della sua colpa. «Ma che colpa ho io, dopotutto?», si chiese.

Tuttavia nel suo animo persisteva la certezza di una colpa orribile; della quale negli occhi dell'immobile macchinista aveva letto la grave condanna. Grave sì, ma assurda! Pure non riusciva a convincersi che in quell'irregolare passaggio della motrice non c'entrasse per nulla la sua volontà. Anzi, ripensandoci, nei momenti di noia non aveva desiderato quel passaggio, perchè fosse rotta la monotonia dell'esistenza, puniti i suoi simili, premiata la sua indignazione? Ebbene?

Qui il nostro amico finisce di raccontare.

«Ebbene?», domandai, «come finì la storia?».

«Come vuoi che sia finita?».

«Insomma, ci fu lo scontro?».

«Sì».

# Ada Negri

(1870-1945)

One of the few Italian writers to come from a family of workers, Ada Negri was born in Lodi and studied to be a school teacher. She was supported by her parents who underwent great financial strain to see that she completed her education. She taught first in the small town of Motta Visconti and later in Milano. With the publication of her first book of poetry, *Fatalità* (1892), she achieved an immediate success, although the merit of her writing had already been partially recognized in the *Corriere della Sera*, where several of these same poems had been printed earlier. This was followed by *Tempeste*, in 1894. These two volumes contain some of her best-known poetry which is lyric, delicate, and shaded with prose elements, and points up her serious interest in social and human problems. Many critics saw in these first collections the appearance of a new social consciousness and conscience, one of the few voices of the period to manifest awareness of the "fourth estate" in strong, sure expression.

The next three decades saw the publication of several more volumes, among which *Maternità* (1904), *Il libro di Mara* (1919), *I canti dell'isola* (1925), and *Vespertina* (1931). There is developed in these later poems a slightly different tone, at times a deep melancholy of personal sentiment, which is

6

also apparent in her prose volumes. Occasionally she reaches what one critic calls "il tremito della grande poesia, perchè la sua passione e la sua malinconia, allargandosi a considerare le miserie e le tristezze altrui, si annalzano e risuonano di una più schietta armonia." Her prose includes *Le strade* (1926), and *Di giorno in giorno* (1933). "Stania" appears in this latter volume, and is tinged with the melancholy and nostalgia that is so characteristic of these later writings, as well as the "confessional" element that is an integral component of her literary personality. Her entire production has been called "memorie poetiche," and the accuracy of this definition is equally well borne out in the prose volumes, *Le solitarie* (1917), and *Stella mattutina* (1921).

# Stania

Sono contenta d'aver conosciuto, a Pavia, in questi giorni, Stania.

È sempre bello e rallegrante fare la conoscenza d'una persona che non ha ancora vent'anni.

5    Stania Dràmceva è bulgara: venuta dal suo paese in codesta vecchia città universitaria, con una borsa di studio della «Pro Oriente». Frequenta la facoltà di chimica. Le sue compagne studentesse la chiamano, in confidenza, Dramcè. Peccato. Meglio il nome autentico, col suo sdrucciolo energico che suona e scorre

10   come un torrentello per balze selvagge. Ma a lei non dispiace la storpiatura affettuosa: così le pare d'essere più amata: piena di cordialità e di slancio, vuol bene a tutto e a tutti.

La sua famiglia è d'origine macedone: la casa dov'ella nacque è a Kavadarzi, nella provincia di Tirkvesc, presso il fiume Vardar, che vide molte sanguinose battaglie di *comitagi*.[1] Fu dopo aspre avventure e vicissitudini che la fanciulla, coi genitori e i fratelli, potè raggiungere Sofia. Là crebbe, si fece onore nelle scuole (ricorda con tenerezza che il suo ginnasio, tutto di ragazze perchè non vi sono in Bulgaria scuole medie miste, porta il nome di Maria Vergine): e, vinto il concorso della «Pro Oriente», se ne partì, felice, nell'autunno d'or sono due anni,[2] per l'Italia.

Corsa di quarantotto ore filate, in seconda classe: cieli e paesi e propositi nuovi: il treno le cantava una canzone che inebriava la sua stanchezza. Prima d'allora, sola non aveva mai viaggiato. Diciott'anni non ancora compiuti: cinquanta lire in tasca. La mamma le aveva riempito di carni fredde, pane, frutta e dolciumi la sacca da viaggio. Il peso che sentiva sul cuore per aver lasciato casa e parenti non poteva impedire alla sua giovine allegrezza di traboccarle dagli occhi insieme colle lagrime, dalla bocca insieme coi sospiri. Allegrezza fatta del desiderio e della speranza di riuscire: di curiosità dell'ignoto: del potente spirito pel quale non esiste un diciottenne al mondo che non si creda padrone dell'indomani, e vivo per sempre.

Per sua fortuna, era di condizione modesta. Se non s'è poveri, non s'ha voglia nè sprone per farsi strada; e lei la strada se la voleva proprio far da sè, chiara e sicura. Il suo viatico stava soprattutto in quella volontà.

Fin dal primo giungere, dell'Italia si sentì innamorata. L'attendeva un collegio-famiglia dove, dopo i primi giorni d'adattamento, si trovò bene come ci fosse nata dentro. Nella vita universitaria si gettò con la gioia e l'impeto d'una nuotatrice che salti dal trampolino. I primi tempi, a dir vero, furono difficili. La sua ignoranza della lingua italiana la costringeva a studiar libri e dispense col dizionario accanto, a cui ricorrere parola per parola. Fu un bello sforzo. A furia di dizionario arrivò a capire quel che le occorreva di capire. A furia di domande a destra e a sinistra, a dritto e a rovescio, di spropositi sfoderati senza paura, d'attenzione, d'ostinazione, pervenne ad esprimersi, di lì a qualche mese, con sufficiente chiarezza, almeno per le cose più lisce.

[1] **comitagi**   *bands of guerilla fighters or irregular soldiers*
[2] **d'or sono due anni**   two years ago

50 Col rischio d'apparire scontrosa e disamorata della patria, non
accettò gl'inviti d'una famiglia bulgara qui di soggiorno, che
avrebbe voluto racconsolarla della lontananza dal paese. Con
quella gente, impossibile discorrere in italiano: e allora, no e poi
no. Lei era qui per imparar l'italiano: solo a ciò doveva mirare,
55 costasse ciò che costasse.

Ragazza capace, nei periodi di preparazione agli esami, di
studiare quattordici ore il giorno, senza distrarsi, nè stancarsi, nè
farsi venir i nervi, nè perder l'appetito. Tutto, sinora, è andato,
naturalmente, benone: fra tre anni Stania Dràmceva sarà dotto-
60 ressa in chimica, con laurea — è presumibile — a pieni voti;[3] e
tornerà a Sofia, dove intende di cominciare a far carriera, en-
trando in qualche istituto di ricerche scientifiche, che abbia
bisogno di giovani collaboratori. Ma non già fermarsi lì. Sogna
le metropoli. Vienna, Berlino, Londra: chi sa.
65 Far carriera: non pensa ad altro. A prima occhiata si vede
che è qualcuno, nel senso del volere fortemente.

Una ragazzona non alta; ma robusta, di larghe spalle, d'ossatura quadra, ben piantata su gambe di camminatrice. Neppur
l'ombra della cipria, del belletto, del rosso-lacca sulle labbra:
70 giurerei che nel portafoglio non tiene nemmeno lo spechiettino:
ch'è tutto dire. Non ne ha bisogno: è fresca, come quelle rose
brune che hanno i petali di velluto. Gli zigomi sono sporgenti:
anche le labbra, gonfie di sangue sano, spesso aperte su un riso
squillante, pieno di luce. Le scarpe, americane, con la suola e il
75 tacco di gomma: le sottane corte: di preferenza porta il *pull-over,*
che lascia più liberi i movimenti: il berretto di maglia le copre
di sghembo la zazzeretta nera, liscia, ridotta ai minimi termini,
per la comodità d'una spazzolata alla diavola[4] nel più breve
tempo possibile.
80 Parla a voce alta: cammina di corsa: è sempre di buon
umore: mangia a quattro palmenti:[5] quando studia si punta i
pugni sulle tempie, e neppure il terremoto è capace di distrarla.

Fra una lezione e l'altra, lavora. Lavora da donna: cioè,
ricama.

[3] **a pieni voti**   with highest honors
[4] **d'una... diavola**   of a perfunctory brushing
[5] **mangia... palmenti**   she eats avidly

Sul ricamo è un'altra. Che dico? È la vera: e non se l'imma- 85
gina; e a dirglielo non lo crederebbe.

Di antichi motivi bulgari, a compatto disegno policromo,
ella adorna, con fantasia bizzarra, tovagliolini e tovaglie, liste e
fazzoletti, centri da tavola e sottocoppe. Son lavori che potrebbe
vendere: invece li offre, li dona, con la stessa spontaneità che 90
glieli ha fatti fiorire dalle dita. Il senso e la nostalgia della sua
terra li trasfonde, forse inconscia, in questi ricami: il cui stile, nel
violento contrasto del rosso col nero, col giallo, con l'amaranto,
viene tramandato laggiù, di generazione in generazione. Sono, per
lei, ciò che per noi possono essere il punto d'Assisi, il punto 95
d'Orvieto, il pizzo di Burano.[6] È in tal modo che, in Italia, ricorda
e rappresenta la madre, la casa, la terra.

Ha portato con sè, da Sofia, un costume di donna del contado:
càmice di grossa tela a bordi e riquadri nei quali lo scarlatto pre-
domina con l'oro e il paonazzo: giacca nera, di panno, con mani- 100
che aperte, come il davanti, a scoprire i fregi della sottoveste:
grembiale di trina candida, fazzoletto rosso-fiamma sul capo,
pendagli e fibbie cesellate. Se lo mette; ma nell'intimità della
casa, e solo certe sere di domenica, dopo molto insistere delle
compagne. Così vestita diventa bella. S'adatta in armonia con 105
l'abito ciò ch'è un po' troppo accentuato nella sua linea. E balla.

Ripete, sola, fattasi d'un tratto distaccata e lontana, accom-
pagnandosi con il battere delle mani e con suoni gutturali di
voce, passi caratteristici delle sue danze nazionali. C'è più mistero
negli occhi socchiusi, che guardano in dentro: c'è più abbandono 110
nella piega della bocca, del cui sangue pare ch'ella si serva pel
rosso de' suoi ricami. Ma forse le fa male danzare a quei ritmi:
perchè smette presto. Allora racconta. Già, ballano tutti al suo
paese: uomini, donne, giovani, vecchi: ballare è una funzione
della vita, come mangiare e bere: specie nei villaggi. Danze, canti 115
e rose. La Bulgaria? Un immenso roseto. La sua industria più
importante? Quella dell'essenza di rose.

Un'amica l'interrompe a questo punto, per chiederle, fra il
serio e lo svagato, se non era meglio per lei esser rimasta laggiù;
e sposarvi un bel giovanotto, proprietario di terre, che vestisse e 120

---

[6] **punto d'Assisi... Burano** *Italian embroidery stitches*

le facesse vestire — tal quale nel cinematografo — il costume nazionale. E avere una nidiata di figlioli, che un giorno allevassero
bestiame, e s'occupassero di macchine agricole, semine, foraggi,
piantagioni di rose e... essenza di rose.

125     Cambia faccia, cambia tono, torna a essere la Stania di tutt'i
giorni, quella della zazzeretta liscia, della sottana corta, dell *pull-
over* e delle dispense. Non per nulla ha vinto un concorso, è
venuta sin qui, e suda sangue sulle formule chimiche, dopo aver
sudato lagrime a imparare alla meno peggio l'italiano. Vuole la
130 laurea, e il posto: ecco ciò che vuole. E farsi avanti, guadagnare,
viaggiare, rendersi indipendente. In quest'epoca, la donna che
abbia fegato può arrivare a tutto.

Al matrimonio non pensa affatto. Dell'amore non parla mai
come di cosa che la possa riguardare. Pure è viva vivissima, sana
135 sanissima: la sua stretta di mano ha il calore, il fluido degli or-
ganismi simpatici. A parlar dell'amore la trattiene un orgoglio
strano, un ritegno fatto di pudicizia e d'obbedienza a un interno
divieto.

Molte, in questo, le rassomigliano, fra le studentesse dell'Uni-
140 versità. Ha sorelle qui fra noi, la bulgara Stania, ugualmente
solide e ben piantate, se non di più: niente fronzoli, niente tinture
nè sulla pelle nè sullo spirito, niente illusioni sentimentali. Coi
compagni studenti, cameratismo e basta. Assistenza reciproca
nelle lezioni, gara nei giochi sportivi, semplicità di rapporti: il
145 *tu* fraterno fila via limpido, senza sottintesi, con la freschezza
dell'acqua corrente. Insensibili? No. Non rinunciano alla vita
completa: lo rimandano a più tardi. Per loro, per Stania, l'amore
potrà esser un premio che verrà col tempo, a studi finiti, a
carriera intrapresa, quasi nell'ora che giovinezza e maturità si
150 prendono per mano, e il cuore si fa più illuminato, più paziente,
più profondo.

E va bene. Ma io guardo Stania quand'è vestita (troppo di
rado, e solo per mostra) del costume di contadina bulgara; e
capisco che in quel costume ritrova la sua vera bellezza, torna a
155 esser lei quale l'ha fatta la madre, con la morbida attrattiva del
sesso e gl'innati caratteri della razza: segni di nobiltà. Osservo,
attenta, i ricami che nell'ore perse le sbocciano dalle mani: origi-
nali, barbari, dal perfetto stile trapassato in eredità da donna a

donna nelle famiglie della sua patria, con gli ori di nozze e le immagini sacre. Dentro ci vedo la bocca sanguigna di Stania: 160 della Stania che ignora se stessa, e non vorrà mai ammettere d'essere nata per sposare, in terra materna, un mercante di cavalli o un coltivatore di rose.

# Corrado Alvaro

*(1895-1956)*

One of the most versatile among contemporary writers in Italy, Corrado Alvaro was also one of the most respected. He was born in San Luca, Calabria, but received his education in the north, attending the university at Milano and then serving in the armed forces during the First World War. His journalistic career began at twenty, with articles for *Il Resto del Carlino* and editorial writing for *Corriere della Sera, Il Mondo,* and *La Stampa.* He traveled widely throughout Italy and Europe, and in 1943, with the fall of fascism, he directed *Il Popolo di Roma.* Later, fleeing the Germans, he hid in Abruzzo, and then returned north to direct for RAI the newspaper *Il Risorgimento.*

His best-known work is a collection of short stories, *Gente in Aspromonte* (1930), from which "Teresita" is taken. In these stories Alvaro uses his native Calabria as the setting for an incisive depiction of the peasants and shepherds whose lives reflect the blind struggle of a backward people existing amid the myths and simple aspirations of Italy's south. There is resignation and bitterness in these stories, a forceful representation of the regional fatalism which Verga had introduced into Italian literature years before. In 1931, *Gente in Aspromonte* was given the coveted La Stampa Award.

In direct contrast to the *ambiente* of Calabria, Alvaro introduces the modern social and political world and the inherent problems implied as psychological extensions of older modes of living in *L'uomo è forte* (1938) and *L'età breve (1946)*. Throughout his writing there is a seriousness of purpose and a sympathetic, though highly pessimistic tone which often reveals a feeling of loss for older, Christian values. Other published works include a volume of poetry and several books based on his travels, often strongly polemic and critical of society, particularly in *Viaggio in Turchia* (1932) and *Quasi una vita* (1950).

# Teresita

Il Ferro, con le mani dietro la schiena, camminava tutto il giorno su e giù per la stanza, come un carcerato. Appariva a tratti alla finestra, dava un'occhiata fuori, voltava bruscamente le spalle e riprendeva a camminare col suo passo cadenzato come il battito d'un orologio. I ragazzi, quando lo vedevano, coi capelli  5 bianchi ritti sulla fronte e gli occhi grigi, si nascondevano dietro il grosso macigno che era rotolato dall'alto della montagna fin sotto alla sua finestra. Le donne di casa, la moglie e due figlie, stavano tutto il giorno in cucina, zitte e scalze, e di loro non si sentiva che qualche sospiro. Lo servivano, gli mettevano le scarpe,  10 inginocchiate ai suoi piedi, lo lasciavano mangiare solo, sempre attente che non echeggiasse la sua voce iraconda. Egli chiamava: «Signora Saveria!» quando chiamava la moglie; ella accorreva tremante e inchinata, e stava a sentire immobile i suoi ordini e

15 la gragnuola delle sue frasi risentite. Egli aveva in uggia tutto il
mondo, e bastava andare a chiedergli un siglio per tornare umi-
liati e irritati dalle male parole. Ammetteva alla sua presenza
soltanto il figlio più piccolo, quello che gli somigliava di più
e che aveva destinato agli studi. Altri due figli più grandi, appena
20 in età di saltare, li fece pastori. Il figliolo privilegiato lo stava a
guardare ore intere come andava su e giù, facendo a tratti qualche
gesto quasi per togliersi di dosso un che di fastidioso.

La mattina, chiuso nella sua stanza, sentiva rivivere tutta la
casa: era come un fremito che s'impossessava di tutto, coi vetri
25 che tintinnavano, con le scope che strisciavano a lungo, come se
fuori piovesse a scrosci più forti e men·forti. Poi sentiva la voce
della moglie che svegliava la bambina più piccola, Teresita, con
la dolcezza di chi distoglie una persona amata da un'illusione:
era un gorgheggio, un richiamo, un discreto richiamo tra un
30 bosco dove qualcuno si fosse smarrito o nascosto. Tutte le mattine, egli notava, era una musica nuova, qualche cosa di bizzarro
e di capriccioso che la madre sapeva inventare. Dopo aver fatto
il trillo dell'usignolo, il miagolìo del gatto e il turbare della voce
materna, chiamava per nome la bambina: «Teresita, Teresita»,
35 e la distoglieva così dal sonno, fino a che quella balzava su
richiamata dal ricordo improvviso e urgente delle cose che aveva
lasciato alla veglia. Poi non si udiva più nulla. La piccina faceva
una grande fatica a orientarsi; tutta la casa pendeva sul suo
silenzio, e sulle sue prime parole roche, sul suo visino ancora
40 impigliato, nel groviglio del sonno, a un sogno che l'attraeva
ancora come fosse ancora vero. Il padre, il Ferro, aspettava con
un segreto piacere: ella si avvicinava alla sua porta, col passo
strascicato e incerto, ed era come se gli camminasse sul petto. Si
vedeva, di sotto l'interstizio della porta, l'ombra della piccina
45 assottigliarsi e allungarsi fra l'alta luce che irrompeva da fuori,
e sull'altalena delle ombre convergenti in cui si trasmutava tutto
quello che si moveva nella casa, ella avanzava, finalmente, e
diceva:

«Papà, papà.»

50 Egli la lasciava fare e taceva. Fino a che la piccina cominciava
a picchiare, in ritmo sempre più alto come una frase musicale.
Ta-ta-ta-tà. Ta-ta-ta-tà. Poi batteva coi piccoli pugni, con la mano

aperta, col ginocchio nudo. Il Ferro ascoltava e rideva tra sè e sè.[1]
Quella sofferenza e quell'attesa gli davano un piacere infantile.
Apriva la porta, l'afferrava tra le braccia, se la faceva sedere ac-  55
canto, sul letto, e le domandava: «Che cosa hai sognato? Vuoi
bene al tuo papà?» Su questa domanda era solito insistere: «Vuoi
bene al tuo papà? Quanto gli vuoi bene? Molto? Quanto?»
«Quanto voglio bene al sole, alla luna,» ella rispondeva, «quanto
agli occhi, quanto al pane, quanto al cielo.» Egli non si stancava  60
di ascoltarla, e le faceva ripetere all'infinito quelle proteste
d'amore, lui che non era abituato a sentirne. Poi si levava, i suoi
occhi grigi ridiventavano protervi, la sua bocca riprendeva la
piega amara del disprezzo.

Teresita tornava piccola piccola con la mamma in cucina, e  65
sapeva che non poteva più mostrarsi perchè il padre l'avrebbe
sgridata. Egli voleva soltanto che lo svegliasse la mattina dicen-
dogli che gli voleva bene. Quando la rivedeva vestita, con la
treccina stretta al sommo del capo, col visino assorto delle bambine che aspettano qualche cosa, provava lo stesso sentimento  70
che aveva verso le altre figliole: una specie di animosità inconscia,
come se quelle fossero sogni suoi finiti male. Poi maritò le più
grandi mentre la Teresita era ancor piccola, e andava rimugi-
nando a chi l'avrebbe data: vi pensava, e sentiva che avrebbe
odiato il marito di Teresita. Intanto ordinò ai figli più grandi  75
che si trovassero lavoro fuori: una lo arruolò fra le guardie di
finanza,[2] e quello strillava che voleva rimanere in paese a lavorare
la terra; l'altro scappò di casa una notte e non si seppe più nulla di
lui.[3] Una fretta irragionevole lo prese di fronte alla vecchiaia, e
non fu contento se non quando la casa fu vuota, quando tutti se  80
ne furono andati chi di qua chi di là, e però si ricordavano di lui
e della sua durezza con una specie di tenero accoramento verso
l'infanzia passata fra tanta inutile severità. Tutti fuori di casa, e
lui, solo, inquieto come un vecchio leone. Anche il figlio prediletto, appena avuta una professione, lo abbandonò perchè si volle  85
sposare. Questo fu per il vecchio il più gran dolore. Chi gli voleva
bene, ormai?

[1] **rideva... sè**   he laughed to himself
[2] **le guardie di finanza**   the revenue officers, *a branch of the polizia tributaria*
[3] **non... lui**   nothing more was heard about him

Uscì di casa per ultima, data a un contadino ricco, la Teresita,
divenuta una bella ragazza. Gliela diede con rabbia. Rimasero
90 soli, nella casa, lui e la moglie, uno di qua e l'altra di là, senza
mai vedersi o quasi, perchè egli seguitava a dormire solo e a
mangiare solo. Il giorno dopo le nozze di Teresita, il Ferro aveva
finito col vestirsi tardi, irritato e sorpreso di non vedere più, come
al solito, la figlia. Alla moglie che lo stava calzando si mise a doman-
95 dare: «Che ne è della Teresita e di suo marito?[4] Non viene a
salutarmi? Non vengono a baciarmi la mano per ringraziarmi di
averli uniti? Quel mascalzone crede di potersi dispensare dalle
buone usanze? Che cosa sono divenuto io? Io sono capace di farlo
arrestare. Non mi vuole più bene nessuno; nessuno mi vuole più
100 bene.» Non c'era modo di fargli tenere fermo il piede per infi-
largli la scarpa. «Buono, buono,» diceva la moglie, «verranno,
verranno certo più tardi a salutarvi e a chiedervi la benedizione.»
Arrivarono difatti che il sole era già alto. La Teresita si mise a
picchiare disperatamente, ma il Ferro ordinò che non si aprisse,
105 e diceva: «Snaturati! È questa l'ora di levarsi? È questa l'ora di
venire a chiedermi la benedizione? Non apro, non voglio aprire.
Nessuno mi vuole più bene, Teresita.» Ma ebbe il coraggio di
lagnarsi fino a che restò chiusa la porta. Quando si decise ad
aprire, sedette solennemente su una sedia e vide avanzare lo sposo
110 con la faccia storta e contrariata dietro le spalle di Teresita. Si
misero in ginocchio ai suoi piedi ed egli li benedisse, non senza
mettersi poi a leticare col genero: che lasciasse venire da lui tutte
le mattine la Teresita a svegliarlo, altrimenti non si sarebbe più
levato dal letto.
115   Teresita era bellissima, con gli occhi chiari, e una dolce stanchezza nello sguardo. Egli sospettò che fosse felice e ne ebbe dispetto. Le domandò: «Sei contenta?» Ella annuì con un gran
cenno del capo. Allora egli divenne furibondo: «Dove me la porti
questa figliola, mascalzone! Tu non te la meritavi; tu sei uno
120 stupido; tu finirai in carcere.» Erano abituati alle sue parole
grosse e non vi facevano caso. Tentarono di consolarlo, ed egli
non chiedeva di meglio che d'esser consolato, circondato di pre-
mure, sentirli discorrere di lui sottovoce; domandarsi che cosa
potevano somministrargli per calmarlo. Al primo bicchier d'acqua

[4] **che... marito**  what is the matter with Teresita and her husband?

rivenne, e li vide che si scostavano lungo le pareti della stanza 125
per lasciarlo passeggiare.

Da allora, tutte le mattine Teresita si levava in fretta e correva come sempre, alle sette, a svegliarlo. Egli risentiva la sua
voce e il suo tocco, e questa volta fuori della porta di casa. La
lasciava picchiare e si ravvoltolava nelle coperte. Ella cominciava 130
a parlare per persuaderlo ad aprire, per potergli dire buon giorno,
per dirgli che gli voleva bene e servirlo. Egli taceva, e gli veniva
da ridere, contento, udendo che la voce di lei era sempre quella
d'un tempo, una tenera voce che usciva dal suo petto maturo
come di sotto un velo. Alle volte si addormentava di nuovo per 135
pochi minuti, ed era dolce dormire sapendosi vigilato. Sapeva che
Teresita sedeva sullo scalino della porta; di quando in quando
metteva le labbra al buco della serratura e chiamava: «Papà,
papà.» Quella voce arrivava a lui deformata dalla cavità attraverso
cui passava, e lo faceva ridere, come se si trattasse d'un giuoco di 140
ragazzi. Alla fine apriva, ed ella entrava umile e sottomessa.

Venne l'inverno, le strade del paese in pendìo divennero tor-
renti, la neve sulle montagne brillava nuova. Una mattina il
Ferro aspettava che Teresita picchiasse alla porta. Pareva che
fosse il vento e non era: era lei che batteva e chiamava, come 145
travolta dalla tempesta: «Papà, papà! Aprite, sono io.»

Egli fingeva di non udire, e sentiva la rabbia della pioggia
che si allontanava e si avvicinava a seconda del vento, e il bron-
tolìo frettoloso del torrente che rompeva davanti agli scalini della
porta. «Papà, papà!» Egli pensava: "Se apro subito, per lei 150
sarà troppo facile. Che picchi ancora. Se mi vuol bene starà sotto
la pioggia e aspetterà." Ella seguitava a battere, disperatamente,
e si sentivano le sue nude mani bagnate contro la porta. «No,
non aprite,» ammonì egli alla moglie. «Ve lo dico io quando
dovete aprire.» Alla fine aprirono. 155

Ella entrò vacillando, bianca, come la cenere, col viso umido
di pioggia, i piedi rossi. Sedette ai piedi del padre come un povero
animale, e si mise a piangere poggiando la guancia alle sue ginocchia. Disse: «Lo sapete che ho fatto un bambino questa notte?»
Un filo di sangue le scorreva sulla caviglia nuda, sul piede nudo. 160
«Ho sonno,» aggiunse, «e mi sento male. Mi avete fatto aspettare
tanto, là fuori.» Egli si mise a carezzarle i capelli umidi, come

quando era piccola. Ella stravolse gli occhi e disse in un soffio: «Non volevano lasciarmi, ma io per forza sono volutao venire. 165 Sono saltata dal letto di nascosto, quando non mi vedeva nessuno.» Divenne smorta, pesante. Egli le carezzava i capelli e le diceva: «Sì, sì, lo so che vuoi bene al tuo papà.» Ma poi sentì che ella non si muoveva più, come se dormisse. Aveva l'occhio azzurro spalancato e senza sguardo. Il Ferro allora si mise a gridare come un 170 bambino spaventato, e la scuoteva inutilmente: «Chi mi vuole più bene, ora, Teresita, chi mi vuole più bene?»

# Italo Calvino

*(1923-    )*

One of the younger and most active writers in Italy, Italo Calvino was born in Santiago de las Vegas, Cuba, and returned with his parents to their former home in Liguria two years later. Active with the partisans during the war, he completed his studies in literature at the University of Torino, and has lived in Torino since 1945. He first received critical notice in 1947 with *Il sentiero dei nidi di ragno,* a novel dealing with the activities of a partisan group seen through the eyes of the ragamuffin, Pin, whose youthful fantasy translates the brutal reality of the adventures in which he participates. In a recent article Calvino indicates that he took his impetus from the literature of the Renaissance, but without wanting to renounce its epic, adventurous grasp, its combination of physical and moral strength. This led him back into the past and the creation of *Il visconte dimezzato* (1952), *Il barone rampante* (1957), and *Il cavaliere inesistente* (1960). The protagonists of this cycle of novels are a viscount split in half by a cannon ball, whose good and evil halves continue living separately; an eighteenth-century baron who, in a moment of pique, commits himself to a lifetime in the trees; and a knight in Charlemagne's army whose immaculate armor contains an intelligence but no body. In 1960, the three titles were reissued in a new volume entitled *I nostri antenati*. The use of fantasy, however, does not negate the author's obvious interest in the integrity of personality. Each of the three novels can be viewed as the presentation of one aspect of the human condition. Of the *barone* it has been astutely commented that "difficilmente un personaggio allegorico, per altre vie, avrebbe saputo resistere tanto bene, e parlarci con un accento altrettanto fraterno dal suo lontano reame di foglie e di stravaganze illuministiche."

In 1958, Calvino received the Bagutta Prize for *I racconti*. He had shown his talent for the shorter narrative two years earlier in a comprehensive collection of folk tales and stories, *Fiabe italiane*, which he rewrote in modern idiom. "Il giardino incantato," written in what Calvino calls "una mia prima maniera," is taken from *I racconti*. His most recent book, the novella-length *La giornata d'uno scrutatore* (1963), is a strong commentary on some current voting practices in Italy as seen by the narrator, a local election official. With Vittorini, Calvino currently directs *Il menabò*, an outstanding literary journal published by Einaudi.

# Il giardino incantato

Giovannino e Serenella camminavano per la strada ferrata.[1] Giù c'era un mare tutto squame azzurro cupo azzurro chiaro; su, un cielo appena venato di nuvole bianche. I binari erano lucenti e caldi che scottavano. Sulla strada ferrata si camminava bene e si potevano fare tanti giochi: stare in equilibrio 5 lui su un binario e lei sull'altro e andare avanti tenendosi per mano, oppure saltare da una traversina all'altra senza posare mai il piede sulle pietre. Giovannino e Serenella erano stati a caccia di granchi e adesso avevano deciso di esplorare la strada ferrata fin dentro la galleria. Giocare con Serenella era bello perchè non 10 faceva come tutte le altre bambine che hanno sempre paura e si mettono a piangere a ogni dispetto: quando Giovannino diceva: — Andiamo là, — Serenella lo seguiva sempre senza discutere.

Deng! Sussultarono e guardarono in alto. Era il disco di uno scambio ch'era scattato in cima a un palo. Sembrava una cicogna 15 di ferro che avesse chiuso tutt'a un tratto il becco. Rimasero un po' a naso in su a guardare: che peccato non aver visto! Ormai non lo faceva più.

— Sta per venire un treno, — disse Giovannino.

Serenella non si mosse dal binario. — Da dove? — chiese. 20

Giovannino si guardò intorno, con aria d'intendersene. Indicò il buco nero della galleria che appariva ora limpido ora sfocato, attraverso il tremito del vapore invisibile che si levava dalle pietre della strada.

— Di lì. — disse. Sembrava già di sentirne lo sbuffo incupito 25

---

[1] **strada ferrata**   railroad tracks

dalla galleria e vederselo tutt'a un tratto addosso, scalpitante
fumo e fuoco, con le ruote che mangiavano i binari senza pietà.

— Dove andiamo, Giovannino?

C'erano grandi agavi grige, verso mare, con raggere di aculei
30 impenetrabili. Verso monte correva una siepe di ipomea, straca-
rica di foglie e senza fiori. Il treno non si sentiva ancora: forse
correva a locomotiva spenta senza rumore e sarebbe balzato su
di loro tutt'a un tratto. Ma già Giovannino aveva trovato un
pertugio nella siepe. — Di là.

35 La siepe sotto il rampicante era una vecchia rete metallica
cadente. In un punto, s'accartocciava su da terra come un angolo
di pagina. Giovannino era già sparito per metà e sgusciava dentro.

— Dammi una mano, Giovannino!

Si ritrovarono in un angolo di giardino tutt'e due carponi in
40 un'aiola, coi capelli pieni di foglie secche e di terriccio. Tutto era
zitto intorno; non muoveva una foglia.

— Andiamo, — disse Giovannino e Serenella disse: — Sì.

C'erano grandi e antichi eucalipti color carne, e vialetti di
ghiaia. Giovannino e Serenella camminavano in punta di piedi
45 pei vialetti, attenti al fruscio della ghiaia sotto i passi. E se
adesso arrivassero i padroni?

Tutto era così bello: volte strette e altissime di foglie ricurve
d'eucalipto e ritagli di cielo; restava solo quell'ansia dentro, del
giardino che non era loro e da cui forse dovevano esser cacciati
50 tra un momento. Ma nessun rumore si sentiva. Da un cespo di
corbezzolo, a una svolta, s'alzò un volo di passeri, con gridi. Poi
ritornò silenzio. Era forse un giardino abbandonato?

Ma l'ombra dei grandi alberi a un certo punto finiva e si
trovarono sotto il cielo aperto, di fronte ad aiole tutte ben rav-
55 viate di petunie e convolvoli, e viali e balaustrate e spalliere di
bosso. E sull'alto del giardino, una grande villa coi vetri lampeg-
gianti e tende gialle e arancio.

E tutto era deserto. I due bambini venivano su guardinghi
calpestando ghiaia: forse le vetrate stavano per spalancarsi tutt'a
60 un tratto e signori severissimi per apparire sui terrazzi e grossi
cani per essere sguinzagliati per i viali. Trovarono vicino a una
cunetta una carriola. Giovannino la prese per le staffe e la spinse
innanzi: aveva un cigolo, a ogni giro di ruota, come un fischio.

Serenella ci si sedette sopra e avanzavano zitti, Giovannino spingendo la carriola con lei sopra, fiancheggiando le aiole e i giochi 65
d'acqua.

— Quello, — diceva Serenella a bassa voce di tanto in tanto, indicando un fiore. Giovannino poggiava e andava a strapparlo e glielo dava. Ne aveva già dei belli in un mazzetto. Ma scavalcando le siepi per scappare, forse li avrebbe dovuti buttar via! 70

Così arrivarono a uno spiazzo e finiva la ghiaia e c'era un fondo di cemento e mattonelle. E in mezzo a questo spiazzo s'apriva un grande rettangolo vuoto: una piscina. Ne raggiunsero i margini: era a piastrelle azzurre, ricolma d'acqua chiara fino all'orlo. 75

— Ci tuffiamo? — chiese Giovannino a Serenella. Certo doveva essere assai pericoloso se lui chiedeva a lei e non diceva soltanto: — Giù! — Ma l'acqua era così limpida e azzurra e Serenella non aveva mai paura. Scese dalla carriola e vi depose il mazzolino. Erano già in costume da bagno: erano stati a cacciar granchi fino 80
allora. Giovannino si tuffò: non dal trampolino perchè il tonfo avrebbe fatto troppo rumore, ma dall'orlo. Andò giù giù a occhi aperti e non vedeva che azzurro, e le mani come pesci rosa; non come sotto l'acqua del mare, piena d'ombre informi verdi-nere. Un'ombra rosa sopra di sè: Serenella! Si presero per mano e 85
riaffiorarono all'altro capo, un po' con apprensione. No, non c'era proprio nessuno ad osservarli. Non era bello come s'immaginavano: rimaneva sempre quel fondo d'amarezza e d'ansia, che tutto questo non spettava loro e potevano esserne di momento in momento, via, scacciati. 90

Uscirono dall'acqua e proprio lì vicino alla piscina trovarono un tavolino col ping-pong. Giovannino diede subito un colpo di racchetta alla palla: Serenella fu svelta dall'altra parte a rimandargliela. Giocavano così, dando botte leggere perchè da dentro alla villa non sentissero. A un tratto un tiro rimbalzò alto e Gio- 95
vannino per pararlo fece volare la palla via lontano; battè sopra un gong sospeso tra i sostegni d'una pergola, che vibrò cupo e a lungo. I due bambini si rannicchiarono dietro un'aiola di ranuncoli. Subito arrivarono due servitori in giacca bianca, reggendo grandi vassoi, posarono i vassoi su un tavolo rotondo sotto un 100
ombrellone a righe gialle e arancio e se ne andarono.

Giovannino e Serenella s'avvicinarono al tavolo. C'era tè, latte e pan-di-Spagna.[2] Non restava che sedersi e servirsi. Riempirono due tazze e tagliarono due fette. Ma non riuscivano a stare
105 ben seduti, si tenevano sull'orlo delle sedie, muovendo le ginocchia. E non riuscivano a sentire il sapore dei dolci e del tè e latte. Ogni cosa in quel giardino era così: bella e impossibile a gustarsi, con quel disagio dentro e quella paura, che fosse solo per una distrazione del destino, e che presto sarebbero chiamati a darne
110 conto.

Quatti quatti,[3] si avvicinarono alla villa. Di tra le stecche d'una persiana a griglia videro, dentro, una bella stanza ombrosa con collezioni di farfalle alle pareti. E in questa stanza c'era un pallido ragazzo. Doveva essere il padrone della villa e del giar-
115 dino, lui fortunato. Era seduto su una sedia a sdraio e sfogliava un grosso libro con figure. Aveva mani sottili e bianche e un pigiama accollato benchè fosse estate.

Ora, ai due bambini, spiandolo tra le stecche, si spegneva a poco a poco il batticuore. Infatti quel ragazzo ricco sembrava
120 sedesse e sfogliasse quelle pagine e si guardasse intorno con più ansia e disagio di loro. E s'alzasse in punta di piedi come se temesse che qualcuno, di momento in momento, potesse venire a scacciarlo, come se sentisse che quel libro, quella sedia a sdraio, quelle farfalle incorniciate ai muri e il giardino coi giochi e le
125 merende e le piscine e i viali, erano concessi a lui solo per un enorme sbaglio, e lui fosse impossibilitato a goderne, ma solo provasse su di sè l'amarezza di quello sbaglio, come una sua colpa.

Il ragazzo pallido girava per la sua ombrosa stanza con passi furtivi, accarezzava i margini delle vetrine costellate di farfalle
130 con le bianche dita, e si fermava in ascolto. A Giovannino e Serenella il batticuore spento riprendeva ora più fitto. Era la paura di un incantesimo che gravasse su quella villa e quel giardino, su tutte quelle cose belle e comode, come un'antica ingiustizia commessa.

135 Il sole s'oscurò di nuvole. Zitti zitti Giovannino e Serenella se ne andarono. Rifecero la strada pei vialetti, di passo svelto, ma senza mai correre. E traversarono carponi quella siepe. Tra le

---

[2] **pan-di-Spagna**   sponge *or* pound cake
[3] **quatti quatti**   very quietly

agavi trovarono un sentiero che portava alla spiaggia, breve e
sassosa, con cumuli d'alghe che seguivano la riva del mare. Allora
inventarono un gioco bellissimo: battaglia con le alghe. Se ne 140
tirarono manciate in faccia uno con l'altra fino a sera. C'era di
buono che Serenella non piangeva mai.

# Mario Soldati

*(1906-    )*

Torinese, Mario Soldati completed his studies in literature at the University of Torino in 1927, then did further work in art history at the Istituto Superiore di Storia dell'Arte in Rome. Following this he spent close to two years (from 1929 to 1931) in the United States as a fellowship student at Columbia University. He is one of the generation of Italian writers who turned early to other Western countries in search of the vitality and inspiration of foreign models. In 1935, he published *America primo amore,* a series of sketches and vignettes based on his American stay. The general tone was negative, concentrating on the lack of culture in everyday life which he saw around him. This ambivalence, based on an immediate attraction and enthusiasm which is then modified by sophisticated disillusionment, is a constant theme of his work. Partially on this basis, he is often classified as a neo-decadentist in Italian letters. In addition he is a literary eclectic with interests of such broad scope that his fiction occasionally suffers from a lack of depth once he has outlined the conflicts in which his characters are entrapped.

There were indications as early as *America primo amore* of a more positive talent and concentrated style which eventually won for him the Premio Strega for his collection of short stories, *I racconti* (1957). "Il gabbiano" appeared in this collection. Among his novels are *Le lettere da Capri* (1954), also awarded the Premio Strega, *La confessione* (1955), and *Il vero Silvestro* (1957). He has become most active recently as a film director for both movies and television in Italy and France and has done productions of Balzac's *Eugenie Grandet*, Fogazzaro's *Piccolo mondo antico*, *Malombra*, and *Daniele Cortis*, and Moravia's *La provinciale*.

# Il gabbiano

Non sono pazzo. Non dormo. Non sogno. Sono vivo come voi che mi leggete. Credetemi. Venite a vedermi. Venite subito. Mi fermerò qui ad aspettarvi finchè venite. Ma fate presto. La facoltà miracolosa che posseggo dalle due dopo mezzanotte fino a questo momento (sono le tre e diciotto: vedo 5 l'orologio luminoso all'angolo di Toledo), la facoltà miracolosa (ora provo, aspettate un secondo: sì, la posseggo ancora) potrei perderla da un attimo all'altro, così, allo stesso modo come l'ho acquistata, misteriosamente. Temo moltissimo l'alba, l'attimo in cui il sole nascerà dietro il Vomero.[1] Il quell'attimo, ho molta 10 paura, tornerò un uomo come tutti voi, un uomo che cammina per terra e quando fa un salto, anche se ha grande slancio, anche se vincerà l'Olimpiade, subito ricade a terra pesantemente. Ma venite, venite lo stesso. Può anche darsi che il fenomeno si ripeta per qualche notte. 15

Ora, questa lettera (la sto scrivendo a matita sui fogli di un taccuino, presso il globo luminoso di questo distributore di

[1] il **Vomero**   *Hill of Naples, a residential section overlooking the bay*

benzina che è rimasto acceso chissà perchè, forse per réclame), la
imposterò tra venti minuti in quella buca rossa che vedo là,
20 all'angolo della piazza (piazza Dante, mi trovo in piazza Dante, a
Napoli). Ho una busta pronta, e ho già scritto il vostro indirizzo.
La lettera arriverà così domattina. Amici, prendete subito il
treno: dopodomani notte potrete già essere a Napoli. Vi do
senz'altro appuntamento per le due meno un quarto, vicino al
25 distributore di benzina. Spero che non verrete inutilmente. E
chissà, forse troverete la piazza piena di popolo urlante, i balconi
e le finestre illuminati e stipati di spettatori, e i venditori ambu-
lanti coi carretti di croccanti e zucchero filato, e fiaccole e canti e
petardi, tutta Napoli in festa attendendo che si ripeta il miracolo.
30 Perchè adesso, *adesso*, non c'è nessuno. È circa un'ora e venti
minuti che io sono il soggetto di un fenomeno che trascende
tutte le leggi della natura: ma ne sono anche l'unico testimone.
   Dal primo istante, un'ora e venti minuti fa, quando saltai su
una panchina dei giardinetti (passeggiavo solitario, non avevo
35 sonno e non mi decidevo a ritornare in albergo), saltai su una
panchina dei giardinetti per osservare da vicino le gemme di un
ippocastano, e così, saltando, mi trovai per aria, mezzo metro più
in alto della panchina e con la testa fra i rami dell'ippocastano
(ho ancora la guancia destra impiastricciata della resina delle
40 gemme: con le mani subito, istintivamente, battei l'aria, come
per mantenere l'equilibrio, in quello strano salto che si pro-
lungava di qualche secondo: battei l'aria con le mani dall'alto in
basso, con le palme rivolte in basso, e col moto precipitoso di una
gallina che cerca di alzarsi in volo: ed ecco, stupefatto, mi
45 innalzai ancor più, strisciai contro le punte gemmate dei rami, mi
trovai sospeso per aria sopra la vetta dell'albero), fin da quel
primo istante, dunque, guardai in giro non so se vergognoso o
desideroso che qualcuno mi vedesse: ma la grande e lunga piazza,
rischiarata a regolari intervalli da due fili di lampioni, era
50 assolutamente deserta.
   Buie, attorno, le alte case. Buie e chiuse le persiane di tutte
le finestre e i balconcini: tutte meno una. A una finestra del
terzo piano di un palazzo all'angolo di Toledo una luce vivissima
brillava. (Ora, mentre scrivo, è spenta.) Senza avvicinarmi, ma,
55 agitando le mani orizzontalmente all'altezza dei fianchi così da

restar sospeso *sur place*,[2] vidi che, a dispetto della notte ancor
fredda, i vetri della finestra erano spalancati sul balconcino: e
vidi nell'interno della stanza, sotto la vividissima luce, biancheggiare una scrivania ingombra di carte e di libri aperti e
accatastati, e i capelli candidi di un uomo che scriveva o 60
leggeva, curvo su quelle carte e quei libri.

Molti di voi si stupiranno che il mio primo istinto, appena
scopertami la facoltà di volare, non sia stato di provare quanto
alto, e quanto veloce, e compiendo quali evoluzioni, io potessi
volare. Ma dimenticate che io volo non grazie a una macchina 65
escogitata e perfezionata da ingegneri con annosi e faticosi calcoli
ed esperimenti, ma volo per un miracolo, e cioè per qualcosa di
così semplice e naturale che non può essere spiegato. Non
m'importava dunque di provare quanto alto, quanto veloce...
Del resto, pochi minuti fa, sono andato qualche decina di metri 70
più in alto di tutte le case, sono giunto al livello della cima del
Vomero: ho visto il cielo stellato, ho dominato con un solo
sguardo il paesaggio, dalla grande nera forma del Vesuvio[3] fino ai
lumi laggiù di Posillipo,[4] e sotto di me la complicata, immensa,
oscura distesa delle terrazze e dei tetti, solcata o segnata per ogni 75
verso dalle fioche luci delle vie, dei vicoli, dei cortili: e poi sono
sceso perchè faceva troppo freddo. Comunque, il mio primo
istinto fu di volare a quella finestra, a quella stanza dove brillava
quella luce solitaria e vividissima. Attraversai piazza Dante
obliquando in alto, diritto alla finestra. Tenevo il corpo unito e 80
inclinato avanti, e remigavo a grandi, lunghi colpi di braccia.

Raggiunsi subito il balconcino, e mi attaccai con le mani
alla bella ringhiera contorta di ferro battuto, come il nuotatore
si attacca all'orlo di una barca. Guardai nell'interno della
stanza. 85

Il vecchio mi volgeva le spalle. Erano grosse spalle rotonde.
Stava scrivendo. Ogni tanto posava la penna, scartabellava qualcuno dei molti libri che aveva dinanzi, e poi tornava a scrivere.
Era così assorto nel suo compito, che non mi aveva sentito. Io
non vedevo il suo volto; non sapevo chi fosse. Ma quella testa 90

---

[2] **sur place**   (*French*) on the spot
[3] **Vesuvio**   Vesuvius, *active volcano eight kilometers southeast of Naples*
[4] **Posillipo**   *a small fishing village outside of Naples*

canuta sotto quella luce accecante, quella grossa figura curva,
attenta, immersa nello studio, insensibile al freddo che entrava
per la finestra aperta, m'incuteva un grande rispetto.

Ero impaziente, questo sì, di mostrare a qualcuno che
95 volavo. Ma non osavo disturbare il vecchio. Che importanza
poteva avere per lui, per la filosofia (era un filosofo, certamente),
che un uomo volasse?

Arrossii, constatando quanto gretto, quanto piccino fosse il
mio animo, se un fatto un po' strano per un uomo, ma norma-
100 lissimo per un povero gabbiano, bastava a colmarmi di gioia.

(E tuttavia ho troppo desiderio che qualcuno mi veda. Se
improvvisamente non volassi più, nessuno crederebbe al mio
racconto.)

Mi volsi dunque verso la piazza: nessuno. Nessuno. Non una
105 guardia notturna, non un mendicante che raccatta le cicche, non
una prostituta, non un panettiere che ha infornato e va a casa a
dormire, non un beccaio che va al macello. Nessuno. Il lastrico
della grande e lunga piazza, e a intervalli regolari gli aloni delle
due file di lampioni.

110 Un momento, ebbi l'idea di gridare, di svegliare i cittadini.
Ma anche questo mi parve ridicolo e, chissà, pericoloso. Molti
ancora credono nel demonio. E molti posseggono rivoltelle. Se
qualcuno che crede nel demonio e possiede anche una rivoltella,
si affaccia e mi vede volteggiare nel vuoto pochi metri davanti
115 alla sua finestra, può darsi che spari e mi abbatta sul lastrico.
Anche i gabbiani sono mortali.

Mi scostai di qualche bracciata nel vuoto; ma, prima di
uscire dal riquadro della finestra, dissi ad alta voce queste
precise parole:

120 «Filosofo! Padre! Un povero gabbiano la venera e le dà la
buona notte.»

Il vecchio si voltò verso la finestra di scatto, con una
prontezza, un'agilità che dalla massiccia testa bianca e dalle grosse
spalle non avevo potuto sospettare. Si voltò, mi vide subito, e
125 non mostrò nessuna meraviglia ch'io fossi così sospeso nel vuoto.
Mi fissò; due occhietti vivissimi, scintillanti, penetranti, sorri-
denti, dietro due piccole lenti rotonde. Con molta naturalezza, mi
disse:

«Grazzie dande.»[5]

Allora ripresi coraggio; tornai ad avvicinarmi alla finestra,    130
battendo l'aria con brevi e timidi colpi delle mani e dei piedi,
come se di fronte a lui mi vergognassi di saper volare; finchè, mi
afferrai nuovamente alla ringhiera barocca del balconcino, e gli
domandai con ansia:

«Mi dica, padre: è male che io voli così?»    135

Senza muoversi dalla poltrona, con un breve sorriso benigno
e divertito, e con un improvviso gesto della mano destra, come
per lanciare un soldo in aria:

«E vvolate, se questo vi fa piacere!» mi disse, e ritornò al suo
lavoro.    140

Abbandonai la ringhiera, mi lasciai cadere all'indietro
nell'aria per qualche metro, voluttuosamente, e poi, su e giù, a
zig-zag, ora scendendo ora salendo, e fermandomi ora a questo ed
ora a quel balcone, giuocai a percorrere tùtta la facciata del
palazzo, come un'ape percorre una spalliera in fiore. Poi, come    145
già vi ho detto, salii più in alto di tutte le case. Ma faceva
freddo, e ridiscesi qui, a scrivere questa lettera, al lume del
distributore di benzina.

Il filosofo, sinora, è l'unico che mi abbia visto volare. Non si
è stupito; ma sono certo che farà testimonianza. «Una notte    150
d'aprile, a Napoli, mi accadde un fatto molto curioso...» È un
onest'uomo, un grand'uomo. Il brutto è che nessuno gli crederà.

Perciò, amici, vi chiamo. Venite... un momento! provo se
sono ancora capace!

Due bracciate.    155

Sì, ecco: potrei con un calcio fracassare il globo luminoso del
distributore.

Venite. Prendete subito il treno per Napoli. C'è anche
l'aeroplano. Venite. Speriamo che il miracolo continui.

[5] **Grazzie dande**  *grazie tante* (an attempt at phonetic spelling of Neapolitan
pronunciation)

# Grazia Deledda

*(1875-1936)*

Born in Nuoro, Sardinia, Grazia Deledda became one of the outstanding regional writers in Italy after Verga, and received ultimate recognition in 1926, as the second Italian to be awarded the Nobel Prize for literature. With only elementary school education, she began writing in her teens and published several volumes, including a collection of short stories, *Amore regale* (1892), and a novel, *Fior di Sardegna* (1892), before she was twenty. After her marriage she moved to Rome, but continued throughout most of her career to use her native Sardinia as the focal point for an instinctive narrative spontaneity and highly disciplined simplicity. Concentrating on the intense inner conflicts and sense of fatalism that pervade the lives of her characters, she goes beyond mere provincial description. Her creations become the reflection of a growing depth of resonance and lyric feeling in the portrayal of the strengths and weaknesses of humanity. *Elias Portolu* (1903), *L'edera* (1904), *Ritorno del figlio* (1912), and *La madre* (1920) are but a few examples of her mature art in which primitive suffering is accepted as man's inevitable destiny, which he carries with him wherever he goes.

In his introduction to the definitive edition of Deledda's works, Emilio Cecchi comments on

*Chiaroscuro* (1912), the volume from which "Un grido nella notte" is taken: "Di tale raccolta è davvero a dirsi che, in seguito, la Deledda poté riuscire a qualcosa di simile, non di superiore. Nella produzione da lei data ai giornali, talvolta ella s'indusse ad uscire dalle forme novellistiche in senso esatto; eventualmente arieggiando al saggio, alla 'fantasia', alla divagazione. In realtà, nella novella s'era ormai realizzata . . ."

# Un grido nella notte

Tre vecchioni a cui l'età e forse anche la consuetudine di star sempre assieme han dato una somiglianza di fratelli, stanno seduti tutto il santo giorno[1] e quando è bel tempo anche gran parte della sera, su una panchina di pietra addossata al muro d'una casetta di Nuoro.                                                                     5

Tutti e tre col bastone fra le gambe, di tanto in tanto fanno un piccolo buco per sepellirvi una formica o un insetto o per sputarvi dentro, o guardano il sole per indovinare l'ora. E ridono e chiacchierano coi ragazzetti della strada, non meno sereni e innocenti di loro.                                                                        10

Intorno è la pace sonnolenta del vicinato di Sant'Ursula, le tane di pietra dei contadini e dei pastori nuoresi: qualche pianta di fico si sporge dalle muricce dei cortili e se il vento passa le foglie si sbattono l'una contro l'altra come fossero di metallo. Allo svolto della strada appare il Monte Orthobene grigio e verde   15 fra le due grandi ali azzurre dei monti d'Oliena e dei monti di Lula.

[1] **tutto il santo giorno**   the whole day long, the whole blessed day

Fin da quando ero bambina io, i tre vecchi vivevano là, tali e
quali sono ancora adesso,[2] puliti e grassocci, col viso color di
20 ruggine arso dal soffio degli anni, i capelli e la barba d'un bianco
dorato, gli occhi neri ancor pieni di luce, perle lievemente
appannate nella custodia delle palpebre pietrose come conchiglie.[3]
Una nostra serva andava spesso, negli anni di siccità, ad attinger
acqua ad un pozzo là accanto: io la seguivo e mentr'ella parlava
25 con questo o con quello come la Samaritana,[4] io mi fermavo ad
ascoltare i racconti dei tre vecchi. I ragazzi intorno, chi seduto
sulla polvere, chi appoggiato al muro,[5] si lanciavano pietruzze
mirando bene al viso, ma intanto ascoltavano. I vecchi raccontavano più per loro che per i ragazzetti: e uno era tragico, l'altro
30 comico, e il terzo, ziu[6] Taneddu, era quello che più mi piaceva
perchè nelle sue storielle il tragico si mescolava al comico, e forse
fin da allora io sentivo che la vita è così, un po' rossa, un po'
azzurra, come il cielo in quei luoghi crepuscoli d'estate quando
la serva attingeva acqua al pozzo e ziu Taneddu, ziu Jubanne e
35 ziu Predumaria raccontavano storie che mi piacevano tanto
perchè non le capivo bene e adesso mi piacciono altrettanto
perchè le capisco troppo.
Fra le altre ricordo questa, raccontata da ziu Taneddu.
"Bene, uccellini, ve ne voglio raccontare una. La mia prima
40 moglie, Franzisca Portolu, tu l'hai conosciuta, vero, Jubà, eravate
ghermanitos,[7] ebbene, era una donna coraggiosa e buona, ma
aveva certe fissazioni curiose. Aveva quindici anni appena,
quando la sposai, ma era già alta e forte come un soldato:
cavalcava senza sella, e se vedeva una vipera o una tarantola, eran
45 queste che avevan paura di lei. Fin da bambina era abituata ad
andar sola attraverso le campagne: si recava all'ovile di suo padre
sul Monte e se occorreva guardava il gregge e passava la notte
all'aperto. Con tutto questo era bella come un'Immagine: i capelli
lunghi come onda di mare e gli occhi lucenti come il sole. Anche

---

[2] **tali... adesso**   they still are now as they were then
[3] **pietrose come conchiglie**   *this refers to the oyster shells in which the pearls are found*
[4] **la Samaritana**   the good Samaritan
[5] **chi... muro**   some seated in the dust, some leaning against the wall
[6] **ziu**   *zio*
[7] **ghermanitos**   third cousins

la mia seconda moglie, Maria Barca, era bella, tu la ricordi, 50
Predumarì, eravate cugini; ma non come Franzisca. Ah, come
Franzisca io non ne ho conosciuto più: aveva tutto, l'agilità, la
forza, la salute; era abile in tutto, capiva tutto; non s'udiva il
ronzio d'una mosca ch'ella non l'avertisse. Ed era allegra, ohio,[8]
fratelli miei; io ho passato con lei cinque anni di contentezza, 55
come neppure da bambino. Ella mi svegliava, talvolta, quando la
stella del mattino era ancora dietro il Monte, e mi diceva:

«Su, Tanè, andiamo alla festa a Gonare, oppure a San
Francesco o più lontano ancora fino a San Giovanni di Mores.»

Ed ecco in un attimo balzava dal letto, preparava la bisaccia, 60
dava da mangiare alla cavalla, e via, partivamo allegri come due
gazze sul ramo al primo cantar del gallo. Quante feste ci siamo
godute! Ella non aveva paura di attraversar di notte i boschi e i
luoghi impervii; e in quel tempo ricordate, fratelli miei, in terra
di Sardegna cinghialetti a due zampe, ohio! ce n'erano ancora: 65
ma di questi banditi qualcuno io lo conoscevo di vista, a
qualche altro avevo reso servigio, e insomma paura non avevamo.

Ecco, Franzisca aveva questo ch'era quasi un difetto: non
temeva nessuno, era attenta, ma indifferente a tutto. Ella diceva:
«ne ho viste tante, in vita mia, che nulla più mi impressiona, e 70
anche se vedessi morire un cristiano non mi spaventerei». E non
era curiosa come le altre donne: se nella strada accadeva una rissa,
ella non apriva neanche la porta. Ebbene, una notte ella stava ad
aspettarmi, ed io tardavo perchè la cavalla m'era scappata dal
podere ed ero dovuto tornare a piedi. Oh dunque Franzisca 75
aspettava, seduta accanto al fuoco poichè era una notte d'autunno
inoltrato, nebbiosa e fredda. A un tratto, ella poi mi raccontò, un
grido terribile risuonò nella notte, proprio dietro la nostra casa:
un grido così disperato e forte che i muri parevano tremare di
spavento. Eppure ella non si mosse: disse poi che non si spaventò, 80
che credette fosse un ubbriaco, che sentì un uomo a correre,
qualche finestra spalancarsi, qualche voce domandare «cos'è?»
poi più nulla.

Io rientrai poco dopo; ma lì per lì[9] Franzisca non mi disse
nulla. L'indomani dietro il muro del nostro cortile fu trovato 85

[8] **ohio**  *expression of joy*
[9] **lì per lì**  at that moment, at first

morto ucciso un giovane, un fanciullo quasi, Anghelu Pinna, voi
lo ricordate, il figlio diciottene di Antoni Pinna: e per questo
delitto anch'io ebbi molte noie perchè, come vi dico, il cadavere
del disgraziato ragazzo fu trovato accanto alla nostra casa, steso,
90 ricordo bene, in mezzo a una gran macchia di sangue coagulato
come su una coperta rossa. Ma nessuno seppe mai nulla di preciso,
sebbene molti credano che Anghelu avesse relazioni con una
nostra vicina di casa e che siano stati i parenti di lei ad ucciderlo
all'uscir d'un convegno. Basta, questo non c'importa: quello che
95 c'importa è che la perizia provò essere il malcapitato morto per
emorragia: aiutato a tempo, fasciata la ferita, si sarebbe salvato.
   Ebbene, fratelli miei, questo terribile avvenimento distrusse
la mia pace. Mia moglie diventò triste, dimagrì, parve un'altra,
come se l'avessero stregata, e giorno e notte ripeteva: «se io uscivo
100 e guardavo e alle voci che domandavano rispondevo (il grido è
stato dietro il nostro cortile), il ragazzo si salvava...»
   Diventò un'altra, sì! Non più feste, non più allegria; ella
sognava il morto, e alla notte udiva grida disperate e correva
fuori e cercava tremando. Invano io le dicevo:
105 «Franzisca, ascoltami: sono stato io quella notte a gridare,
per provare se ti spaventavi. Un caso disgraziato ha voluto che
nella stessa notte accadesse il delitto: ma l'infelice non ha
gridato e tu non hai da rimproverarti nulla.»
   Ma ella s'era fissata in mente quell'idea, e deperiva, sebbene
110 per farmi piacere fingesse di credere alle mie parole, e non
parlasse più del morto. Così passò un anno; ero io adesso a
volerla condurre alle feste e a divagarla. Una volta, due anni circa
dopo la notte del grido, la condussi alla festa dei Santi Cosimu e
Damianu, dove una famiglia amica ci invitò a passare qualche
115 giornata assieme. La sera della festa ci trovammo tutti nello
spiazzo davanti alla chiesetta. Era agli ultimi di settembre ma
sembrava d'estate, la luna illuminava i boschi e le montagne, e la
gente ballava e cantava attorno ai fuochi accesi in segno d'allegria.
A un tratto mia moglie sparì ed io credetti ch'ella fosse andata a
120 coricarsi, quando la vidi uscir correndo di chiesa, spaventata come
una sonnambula che si sia svegliata durante una delle sue
escursioni notturne.
   «Franzisca, agnello mio, che è stato, che è stato?»

Ella tremava, appoggiata al mio petto, e volgeva il viso indietro, guardando verso la porta della chiesa.      125

La trascinai dentro la capanna, l'adagiai sul giaciglio, e solo allora ella mi raccontò che era entrata nella chiesetta per pregare pace all'anima del povero Anghelu Pinna quando a un tratto, uscite di chiesa alcune donnicciuole di Mamojada, si trovò sola, inginocchiata sui gradini ai piedi dell'altare.      130

«Rimasi sola,» ella raccontava con voce ansante, aggrappandosi a me come una bambina colta da spavento. «Continuai a pregare, ma all'improvviso sentii un sussurro come di vento e un fruscio di passi. Mi volsi, e nella penombra, in mezzo alla chiesa, vidi un cerchio di persone che ballavano tenendosi per mano,      135 senza canti, senza rumore; erano quasi tutti vestiti in costume, uomini e donne, ma non avevano testa. Erano i morti, maritino mio, i morti che ballavano! Mi alzai per fuggire, ma fui presa in mezzo: due mani magre e fredde strinsero le mie... ed io dovetti ballare, maritino mio, ballare con loro. Invano pregavo e      140 mormoravo:

> *Santu Cosimu abbocadu,*
> *Ogademeniche dae mesu...*[10]

quelli continuavano a trascinarmi ed io continuavo a ballare. A un tratto il mio ballerino di destra si curvò su di me, e sebbene      145 egli non avesse testa, io sentii distintamente queste parole:

— Lo vedi, Franzì? Anche tu non hai badato al mio grido!

«Era lui, marito mio, il malcapitato fanciullo. Da quel momento non ci vidi più. — Ecco il momento — pensavo, — adesso mi trascinano all'inferno. È giusto, è giusto, — pensavo, — perchè      150 io vivevo senza amore del prossimo e non ho ascoltato il grido di chi moriva.— Eppure sentivo una forza straordinaria; mentre, continuando a ballare, sfioravamo la porta, riuscii a torcere fra le mie le mani dei due fantasmi e mi liberai e fuggii; ma Anghelu Pinna mi rincorse fino alla porta e tentò di afferrarmi ancora:      155 egli però non poteva metter piedi fuori del limitare, mentre io l'avevo già varcato. Il lembo della mia *tunica* gli era rimasto in mano; per liberarmi io slacciai la *tunica,* gliela lasciai e fuggii. Marito mio bello, io muoio... io muoio... Quando sarò morta

[10] **Santu... mesu**  *San Cosimo avvocato, Levatemi di mezzo...*

160 ricordati di far celebrare tre messe per me e tre per il povero
Anghelu Pinna... E va a guardare se trovi la mia *tunica,* prima che
i morti me l'abbiano ridotta in lana scardassata.»

Sì, uccellini, — concluse il vecchio zio Taneddu, — mia
moglie delirava; aveva la febbre, e non stette più bene e morì dopo
165 qualche mese, convinta di aver ballato coi morti, come spesso si
sente a raccontare: e, cosa curiosa, un giorno un pastore trovò
davanti alla porta di San Cosimo un mucchio di lana scardassata,
e molte donne credono ancora che quella fosse la lana della
*tunica* di mia moglie, ridotta così dai morti.

170 Sì, ragazzini, che state lì ad ascoltarmi con occhi come
lanterne accese, il fatto è stato questo: e quel che è più curioso, sì,
ve lo voglio dire, è che il grido lo feci io davvero, quella notte,
per provare se mia moglie era indifferente com'essa affermava.
Quando essa fu morta feci dire le messe, ma pensavo anch'io: «se
175 non gridavo, quella notte malaugurata, mia moglie non moriva.»
E mi maledicevo, e gridavo a me stesso: che la giustizia t'incanti,
che i corvi ti pilucchino gli occhi come due acini d'uva, va alla
forca, Sebastiano Pintore, tu hai fatto morire tua moglie...

Ma poi tutto passò: dovevo morire anch'io? Eh, fratelli miei,
180 ragazzini miei, e tu, occhi di lucciola, Grassiedd' 'Elè, che ne dite?
Non ero una donnicciuola, io, e d'altronde morrò lo stesso,
quando zio Cristo Signore Nostro comanda...''

# Cesare Pavese

*(1908-1950)*

Piemontese, Cesare Pavese was born in S. Stefano Belbo (Cuneo), took a literary degree at the University of Torino, and lived most of his life in that city. He was connected with the newly founded publishing company of Giulio Eianudi from the early 30's until his death. His earliest interest was focused on American and English literature, and with Elio Vittorini he was greatly responsible for its impact on narrative development in Italian letters. He translated extensively from Joyce, Dickens, Steinbeck, Melville, Dos Passos, and Anderson; and wrote several critical essays which were collected posthumously in *La letteratura americana e altri saggi* (1951). His first published work, *Lavorare stanca* (1936), was a collection of poetry, but the poetic medium was not broad enough for his philosophical and personal expression. In 1941 his first novel, *Paese tuoi,* appeared, signaling the beginning of a new direction not only in terms of his own career, but also for Italian fiction. In the same year of the appearance of this work, Vittorini's *Conversazione in Sicilia* was published, and the two authors were soon established as the guiding forces of neorealism in Italy. In rapid succession during the next nine years Pavese published several novels including *La spiaggia* (1942), *Il carcere* (1949), *La casa in collina* (1949), *La bella estate*

(1949), and his final and perhaps most impressive work, *La luna e il falò* (1950). The publication dates rarely indicated the year of composition: *Il carcere,* for example, was written in 1938-39 after his political exile; *La bella estate* dates back to 1940; and *La luna e il falò* was written in 1949.

Myth is revived in Pavese's work, a modern myth of childhood, innate rhythms, the hills as a realm of evasion, the city as impingement of history and society. *Dialoghi con Leucò* (1947) defines the myths in general terms, somewhat similar to the style of "Si parva licet," though more fully developed. Major themes throughout his writings are the inevitability of man's aloneness and loneliness and the idea of man's basic incapacity for life. Woman appears as inaccessible, representative of another completely exterior reality, even in the lighter moments of "Si parva licet." In direct contrast to these aspects of lyric and metaphysical expression is a "brutale impulso realistico di parziale derivazione americana," vividly operative in the novels, but less apparent in the short stories of the *Racconti* (1960), some of which had appeared earlier elsewhere.

Pavese committed suicide, and this is a subject which is constantly referred to in his published diary, *Il mestiere di vivere* (1960), a vital document of critical and personal commentary begun in the 30's and continued until his death.

# Si parva licet[1]

## SCENA PRIMA

È alto mattina. Adamo, giovane aitante, di gambe pelose e
petto largo. Esce dalla grotta in fondo a destra e si china a
raccogliere una manciata di ciottoli. Li getta a uno a uno
con cura contro il tronco di una palma a sinistra. Qualche
volta sbaglia la mira.                                                                              5

ADAMO    *(dice a un tratto riscuotendosi)* Io vado a pescare.

LA VOCE DI EVA DALLA GROTTA    Vacci. Che bisogno hai di dirlo?

ADAMO    Il fatto è che non ho voglia di andare a pescare.

LA VOCE DI EVA    Stupido.

ADAMO    *(guarda intorno, con aria svagata)* Questa la metto con    10
tutte le altre, Eva.

Silenzio.

Che cosa hai guadagnato quando m'hai detto stupido?

Silenzio.

*(Fremente)* Il fatto è che se continui a trattarmi in    15
questo modo, un bel giorno me ne vado e non mi vedi
mai più. Non si può dirti una parola, che tu scatti. È
un bisogno, no, che abbiamo, tutti e due, di parlare?

---

[1] **si parva licet**   allow me to compare the small... *A common introduction in*
*Virgil and Ovid indicating a comparison between subjects of greater and lesser*
*importance.*

Tu non sai quel che voglia dire esser solo. Non sei
20    mai stata sola. E dimentichi troppo sovente che sei
stata fatta per tenermi compagnia...

La voce di Eva    Sì, caro, ma perchè dirmi che vai a pescare?

Adamo    *(si china a raccogliere ciottoli e storce la bocca sorri-*
*dendo)* Ho detto per dire, Eva.

25  La voce di Eva    Sei più caro quando non dici per dire.

Adamo    *(scaglia con rabbia i ciottoli)* Ebbene, vado a pescare.

Si sente una risatina di Eva. Adamo se ne va. Nella radura
si diffonde la fresca calma del. mattino. Passa un capriolo
che saltella e annusa i petali di varie piante, poi schizza via
30    a sinistra.

Rientra Adamo, con la solita aria e, ciondolato un po' a
sinistra, si siede nel centro sopra un sasso, volgendo le spalle
al fondo. Parla guardando innanzi a sè.

Questa foresta è tutto Eva. Se potesse parlare, mi
35    tratterebbe come lei. Tronchi e tronchi, foglie e foglie,
angoli scuri che asciugano al sole, altri che non
asciugano, piena di vita, piena di voci, ma di me,
Adamo, s'infischia. È la verità. Mi dà l'ombra, mi dà il
riparo, mi dà il cibo e l'aria buona, ma confidenza
40    nessuna. Ah Signore, Signore, mi domando se capisci
che cosa vuol dire esser solo.

Eva si è fatta sulla soglia della grotta e il sole giallo la
illumina dai piedi fino al collo. È bruna e muscolosa, e la
faccia appare seminascosta dall'ombra e dai rametti di con-
45    volvolo che pendono sull'ingresso. Adamo si volta e la
guarda, rasserenato. Pausa.

Eva    Sono queste adesso le tue orazioni?

Adamo    Non pregavo, parlavo tra me.

Eva    *(sospettosa)* Però chiedevi qualcosa al Signore.

50  Adamo    Non oso più parlare al Signore. I suoi benefici sono a
doppio taglio.[2]

---

[2] **a doppio taglio**    double-edged

EVA        *(avanzando; porta dei fiori infilati nei capelli)* Come
           sarebbe a dire?[3]

ADAMO      *(con forzata gaiezza)* L'ultima volta che mi sono lagnato
           ch'ero solo, mi ha mandato te. *(Fa per abbracciarla e*  55
           *sedersela sulle ginocchia).*

EVA        *(si scosta e dice seccamente)* Diventi volgare.

ADAMO      E tu impertinente.

EVA        Tutto perchè al mattino non esco fuori come una
           bestia dalla tana, e mi pettino invece di scrollarmi  60
           come fai tu.

ADAMO      Non hai da piacere che a me.

EVA        Per quel che te ne intendi...!

ADAMO      *(con voce mutata)* Oh Eva, perchè non smettiamo
           quest'ostilità che a me mi fa ammattire, e a te serve a  65
           che cosa? Siamo soli a questo mondo e una mala
           parola nessuno ce la può risarcire. Che bisogno ab-
           biamo di maltrattarci a questo modo? Se ci fossero
           un'altra Eva o un altro Adamo, capirei.

EVA        Ci pensi troppo, a quest'altra Eva. Me ne parli sempre.  70
           *(Beffarda)* Te l'ha forse promessa il Signore?

ADAMO      Sciocca. Lo sai bene che siamo soli.

EVA        Un'altra Eva... Siamo soli... Capisco. Dimmi una cosa,
           unico uomo: Se invece di me il Signore avesse creato
           un'altra Eva, con gli stessi capelli, con lo stesso corpo,  75
           con la stessa voce, tu l'avresti accettata come hai fatto
           di me? E ti vanteresti di volerle lo stesso bene e faresti
           le stesse smorfie, e andresti a pescare per lei, insomma
           sarebbe la tua Eva? Sì o no?

ADAMO      Come... un'altra come te? Con gli stessi capelli? Che si  80
           chiamasse Eva? Ma saresti tu.

EVA        Ecco. Sarei io. E poi ti lamenti. Buffone.

ADAMO      Ma, no, non hai capito. Se fosse un'altra, non saresti tu.

[3] **Come... dire**  How do you mean?

Ma allora anch'io non sarei Adamo. *(Si ferma sorri-*

85     *dendo)* Sciocchezze, io sono Adamo e tu sei Eva.

EVA     *(lo guarda commiserando)* E se il Signore ne avesse
fatte due di Eva e ti avesse dato la scelta, quale avresti
scelto?

ADAMO     Due?... Non so... Ma te, certo... Due Eva?

90  EVA     E perchè me?

ADAMO     Perchè... Così... Ma ragiona, Eva...

EVA     Te lo dico io quel che avresti fatto: ci avresti prese
tutte e due e costrette a stare nella stessa grotta. E poi
ti lamenti che non ti do confidenza. Ci mancherebbe

95     altro.[4] Tu non mi capisci e non mi meriti. Ti sono
caduta addosso come una mela matura e hai creduto di
raccogliermi senza fatica. E te la prendi ancora col
Signore. Ma stai fresco.[5] E può star fresco anche il
Signore, se crede che abbia bisogno di te, o di lui.

100     *(Esce a sinistra, lasciando Adamo esterrefatto).*

ADAMO     *(balza in piedi)* Basta! Basta! Hai sentito, Signore?
*(Tende l'orecchio).*

Silenzio.

Non ha sentito. Non sente mai. *(Si riabbandona sul*

105     *sasso, col capo tra le mani).*


SCENA SECONDA


Stessa scena. È sera. Adamo e l'Angelo del Signore passeg-
giano davanti alla grotta. L'Angelo è un bel giovane biondo
dal corpo nebuloso e raggiante.

ADAMO     *(sommesso)* Dirai dunque al Signore che così non posso

110     continuare. È comodo crearci per la Sua gloria e

---

[4] **Ci mancherebbe altro.**   That would be the last straw.
[5] **stai fresco**   you're in for a surprise

lasciarci negli imbrogli. Ha dato a me, come a tutti gli
animali, delle esigenze, ne ha date più che agli animali,
come un certo decoro da sostenere, una naturale delicatezza di sentimenti e una capacità di giudizio che vuole
il suo sfogo e il suo compenso in una compagnia con-  115
geniale. Eva ha capito il mio bisogno e se ne serve per
rendersi preziosa e togliermi ogni pace. Adesso sostiene
anche che non l'apprezzo come si merita. E da stamattina non la vedo. Insomma...

L'ANGELO DEL SIGNORE      Riferirò, Adamo, riferirò, e se qualcosa  120
si potrà fare, sarà fatto. Ho però l'impressione che in
cielo si propenda a considerare i rapporti tuoi con
Eva, un campo dove sarebbe indiscreto e inopportuno
un intervento diretto. Non dimenticare, Adamo, che ti
è stata conferita, all'atto della creazione, una certa  125
autorità sulla tua compagna. Quanto alla gelosia che
Eva ti ha mostrato, puoi assicurarle che per ora è
assolutamente esclusa la creazione di altri esseri. E
dopo tutto *(la sua luce balena)* questa gelosia dovrebbe
anche un poco lusingarti. Addio, Adamo.                 130

Scalpiccìo affrettato. Da sinistra piomba di corsa Eva
ansante, coi capelli scomposti e il volto acceso.

Addio, Adamo. *(Si spegne e scompare).*

Penombra.

ADAMO      Beato chi ti vede, Eva.                       135

EVA      Che cosa dicevi all'Angelo? Perchè quando arrivo, lui
fugge?

ADAMO      Cose di questo Paradiso, Eva. E tu, perchè non torni
prima? Solo quando viene il buio ti faccio comodo,
vero?                                                    140

EVA      Oh, Adamo, perchè mi tratti così? *(Si avanza)* Cerca
di capire, Adamo. Non ti basta che stiamo insieme
tutta la notte?

ADAMO      *(freddo)* Ci stai perchè hai paura del buio, ecco perchè.

145 EVA       Non sei gentile, Adamo. *(Gli prende il braccio)* Te lo
              dirò, se da te non capisci. Mi allontano soltanto perchè,
              se mi vedessi continuamente, ti stancheresti di me. E
              non credere che non soffra a star lontana da te. *(Si
              stringe)* Ma ho bisogno d'isolarmi qualche volta, per
150           pensare a noi due e non tormentarti con la mia
              gelosia. Caro! Ti sei ricordato di Eva, oggi?

              Adamo l'abbraccia. Eva lo bacia e s'incamminano allacciati
              verso la grotta.

              Che cosa dicevi all'Angelo?

155           Entrano nella grotta. La notte è calata. Cominciano a
              brulicare nel buio le lucciole.

LA VOCE DI ADAMO     Gli chiedevo se mi vuoi bene.

LA VOCE DI EVA     Sciocco. Non lo sai da te?

LA VOCE DI ADAMO     Qualche volta me ne fai dubitare.

160 LA VOCE DI EVA     E anche adesso ne dubiti?

LA VOCE DI ADAMO     No.

              Il chiarore della luna si diffonde nella radura. Silenzio.

LA VOCE DI EVA     Guarda! C'è la luna. Usciamo.

LA VOCE DI ADAMO     *(supplichevole)* Eva, restiamo nella grotta.

165 EVA       *(comparendo sulla soglia)* Vieni, vieni, usciamo.

ADAMO         *(che le tiene un braccio)* Restiamo qui.

EVA           *(divincolandosi)* Guarda com'è bello! Vuoi sempre
              parlare: su, parla, adesso: che bisogno avevi di raccon-
              tare i fatti nostri all'Angelo. Perchè fai queste cose?
170           Non mi vuoi proprio nessun bene. Io di te mi fidavo.

ADAMO         Ma no, si discorreva, e poi sai bene che l'Angelo ha
              tutt'altro da pensare. Gli chiedevo se sapeva dov'eri,
              ecco.

EVA           *(scontrosa)* Oh, Adamo, chi sa che cosa gli hai detto.
175           E chi sa che cos'ha riposto quel ficcanaso, tutto luce e
              nient'altro. Perchè t'immischi con quegli esseri che non

hanno nemmeno una mano in carne e ossa da tenderti? Vanno, vengono, non si sa dove stanno — che orrore — magari qualcuno è qui ci ascolta.

ADAMO    Ma Eva! Lo sai che li manda il Signore soltanto per  180
         farci del bene.

EVA      E che cosa gli hai detto?

ADAMO    Ma nulla. E tu dove sei stata tutto il giorno? Mi hai
         fatto soffrire, sai.

EVA      Sediamoci.                                            185

*Si siedono sulla soglia.*

Ho pensato molto a noi due. Ho camminato tutta la mattina e sono entrata nel bosco del Signore, dove ho veduto le Sue piante. Ma sai che ho ribrezzo dei serpenti, e là ce n'è di tutte le qualità, che salgono e  190 scendono per i tronchi, e mi è venuta l'idea — forse mi sbaglio, Adamo — che il Signore li abbia messi a far la guardia. Perchè? Non può essere che per me, a te non fanno ribrezzo. Vuol dire che il Signore non si fida di me. Perchè? Non mi vanno affatto queste cose, Adamo.[6]  195 O siamo i Suoi diletti, e allora perchè i serpenti? O non lo siamo, e allora perchè tante belle parole?

ADAMO    *(spaventato)* Ricordati che il Signore ci può ascoltare.

EVA      *(spazientita)* Ma dunque! La guardia dei serpenti, gli
         Angeli che ficcano il naso,[7] Lui stesso che ci sta a  200
         spiare: che motivo gli abbiamo dato?

ADAMO    Ma è perchè ci vuol bene, Eva.

EVA      Vorrei vedere se tu, perchè mi vuoi bene, spingessi la
         gelosia a questo punto.

ADAMO    Anche tu, Eva, sei gelosa di me.                      205

EVA      Sciocco, prima di tutto non è la stessa cosa, e poi
         *(seria)* lo faccio anche un po' per passatempo e per
         occuparci la giornata. Ma...

[6] **Non... Adamo.**  I don't like these things at all, Adam.
[7] **ficcano il naso**  stick their nose into someone else's business

| | |
|---|---|
| ADAMO | Lo fai per passatempo! |
| 210 EVA | *(convinta)* Si capisce. Mi sentiresti, se ci fosse davvero l'altra Eva. |
| ADAMO | Ah!... *(Riprendendosi)* E allora fa' conto che il Signore ci spii e ci tratti gelosamente, tutto per occupare la giornata e per distrarsi. |
| 215 EVA | *(col mento sul pugno)* Per essere il Signore, sarebbe un po' stupido. Ma perchè proprio l'Albero e i serpenti? |
| ADAMO | Quanto tempo, Eva, che non chiacchieravamo più così insieme. |
| EVA | *(c.s.)*[8] Adamo! Perchè non possiamo toccare proprio |
| 220 | quell'albero? Quei bei frutti maturi? E se non possiamo, perchè li ha fatti? |
| ADAMO | Vedi, Eva. *(Si guarda attorno furtivo)* Io credo che siano frutti come tutti gli altri, ma che il Signore ci abbia proibito di toccarli per rendere più interessanti |
| 225 | le nostre giornate. Sono come le regole che abbiamo inventato per il nostro gioco dei sassolini. Se le togli, dov'è più il gioco? Stai certa, il Signore ci vuol bene, altrimenti non ci avrebbe nemmeno creati. |
| EVA | *(sempre assorta)* Mi sembra stupido. |
| 230 ADAMO | Eppure vedi che anche stasera questa proibizione ha servito a ravvicinarci e farci discorrere un poco. |
| EVA | Ti dico che mi sembra stupido. |

SCENA TERZA

Stessa scena. Meriggio sonnolento. Adamo è disteso davanti alla grotta e segue con gli occhi due farfalle che passano.

| | |
|---|---|
| 235 ADAMO | Se gli Angeli del Signore, fossero un po' meno angeli! Ha ragione Eva: tutto luce e niente sostanza. Ma con |

[8] (c.s.)   *come sopra*

chi, domando, con chi deve passare il tempo un disgraziato? Eva non è della mia razza: a lei starsene in
giro da sola, fa bene. Si direbbe che piante e animali
con lei se la intendano. Si ficca i fiori nei capelli, corre    240
dietro ai caprioli, è capace di salire su un albero per
strappare le penne della coda a un pappagallo.
Bambinate... Ma intanto passa la giornata. E perchè
poi adesso è sempre via, e torna solo alla sera? Fa
presto l'Angelo a dire che io sono il re di questo regno.    245
Il fatto è che non ho a chi comandare. A quelle farfalle? Sto fresco, come dice Eva. *(Si alza in piedi)* Ma
io divento matto, se continuo a parlare così da solo.
Venisse presto la sera! Per conto mio potrebbe essere
sempre notte. Vedere tutto così chiaro, così vivo, le    250
bestie che se la spassano, le acque che corrono, le
foglie che dondolano, mi fa rabbia.

Si leva un gran vento che fa barcollare Adamo. Il bosco
muggisce. Trasvolano foglie e uccelli variopinti, e in distanza
echeggiano colpi di tuono.    255

Che succede? Ho forse bestemmiato? Ah Signore, come
sei permaloso!

Schianti e calpestii nel bosco. Altre raffiche. Passa a volo,
balenando, un Angelo.

Che succede? Dove voli? Ti manda il Signore? Mi    260
umilio, mi umilio!

L'ANGELO  È accaduta una cosa terribile. Eva...

ADAMO  Eh!

L'ANGELO  La notizia non è ancora confermata. È troppo orribile.
Eva ha mangiato del frutto dell'Albero del Signore.    265

ADAMO  No!

L'ANGELO  Così m'auguro anch'io. Ma è stato visto Satana saltare
fuori dal Paradiso ululando di gioia. Da tempo era
segnalata la sua presenza quaggiù. *(Scompare a destra)*
Oh sventurati uomini!    270

Continua la bufera che ora piove anche una livida luce dal cielo. Passano caprioli, tigri, conigli, in rotta.

ADAMO    Possibile? Eva, Eva! Dove sarà adesso? Eppure i discorsi che faceva! È dunque vero? Oh Eva, che hai fatto!

275    Entra da sinistra Eva affannata e precipitosa. Cerca con gli occhi.

EVA    Oh Adamo, dove sei? L'ho fatto per te. Dove sei? Proteggimi. *(Gli corre tra le braccia)*.

ADAMO    È dunque vero? Disgraziata!

280    Eva gli singhiozza sul petto. Nel pugno sinistro stringe una mela.

Che dirà adesso il Signore? Perchè hai fatto questo?

EVA    *(tra i singhiozzi)* C'era un serpente che parlava. L'ho tanto pregato di venire alla grotta perchè ci tenesse compagnia. Faceva dei discorsi così belli. Era così
285    spiritoso. Pensavo: Come si divertirà Adamo, lui che vuole sempre discorrere. Come mi sarà riconoscente e mi vorrà bene.

ADAMO    Ma non ti facevano ribrezzo i serpenti una volta?

290 EVA    Non era un serpente come gli altri. Parlava. Se tu avessi sentito. Sapeva tutto. Su tutto diceva la sua.[9] Mi spiegò che davvero la proibizione dell'Albero è un semplice gioco di quel vecchio testardo che anche lui non sa come fare a divertirsi e crea gli esseri a Suo
295    piacere... Proprio come dicevi tu.

ADAMO    Ma io dicevo per dire.

EVA    Mi spiegò che bastava rompere la regola per fargli capire che cambiasse gioco. Anche noi abbiamo dei diritti e valiamo un po' più che una partita di sasso-
300    lini. *(Si ferma)* Allora ho mangiato il pomo. *(Tende la mano)*.

[9] **Su... sua**   He had something to say about everything.

ADAMO      Disgraziata! E se il Signore ti scaccia?

EVA        Il serpente diceva che il mondo è grande.

ADAMO      E io resterò solo! Non hai pensato che ti volevo bene?

EVA        Ma, Adamo, se mi vuoi davvero bene, hai un modo per   305
           provarmelo...

           Pausa.

ADAMO      Dà qua. *(Addenta la mela)*.

           Eva gli salta al collo.

LA VOCE DEL SIGNORE    *(nella bufera)* Adamo, dove sei?          310

# Alberto Moravia

*(1907-    )*

One of the most active and popular neo-realistic writers in Italy, Alberto Moravia spent his formative years a near-invalid from his ninth to sixteenth year as a result of osteomyelitis, then under the reign of fascism. He claims these two facts to have been the most important in his life: "Ciò che forma il nostro carattere sono le cose che siamo costretti a fare, non quelle che facciamo di nostra volontà." His first novel, *Gli indifferenti,* published in 1929 at his own expense, caused an immediate polemic in critical circles. Since that time he has traveled widely and written for several newspapers and journals, including *Pegaso, 900, La Stampa, Corriere della Sera,* and *L'Espresso.* In 1941 he married Elsa Morante, a well-known novelist in her own right, whose book *L'isola di Arturo* won the Premio Strega in 1957. Moravia's short novel *Agostino* was awarded the prize of the Corriere Lombardo in 1945. He received the Premio Strega in 1952 for *I racconti,* and the Premio Marzotto for *Racconti romani* in 1954. In 1953, with Alberto Carocci, he founded the *Nuovi argomenti* which he now directs. He has also written for the theater and the film industry. Currently, he is writing movie reviews for *L'Espresso.*

Technically, Moravia is not an innovator, in spite of the fact that his early writing exerted a

great influence on the younger generation of writers.
He generally adheres to the traditional canons of
narrative structure and dialogue technique. His pri-
mary concern is with contemporary society as a
moral denominator in its role as a blindly destructive
force on character and personality. More specifically,
Moravia sees the *borghesia* as responsible for the
indifference and spiritual suicide which result in
the squalid and dissolute atmosphere of the modern
world. His most effective writing is that in which his
characters are allowed a broader scope within this
rigid framework: adolescents in *Agostino* and *La
disubbidienza,* lower-class protagonists in *La romana*
and *La ciociara.* Equally effective, and most representative of Moravia's talent are the *Racconti romani*
(1954) and *Nuovi racconti romani* (1959). Here,
Roman ambience and character fuse in broad ex-
pressive dialogue and clarity of descriptive detail in
pinpoint situational and character sketches.

# Banca dell'amore

Quando, una di queste sere, udii al telefono la voce di
Giustino che mi diceva: «Alessandro, che ne diresti, domani che è
domenica, di fare una scampagnata?» dalla sorpresa per un poco
restai senza parola. Perchè Giustino, con tutto che ci[1] abbia un
negozio di ferramenta molto ben avviato, non lontano dal mio    5
bar, in via Panisperna, è un avaro come ce ne sono pochi, un
avaro a cui bisogna credere che gli faccia rimorso persino l'aria
che respira e se potesse respirerebbe a metà per risparmiare il

---

[1] **ci**    *Pleonasm, common in Roman speech.*

fiato. Domandai imbarazzato: «E come ci andiamo?» Disse lui:
10 «Con la mia macchina.» Altra sorpresa: «Tu ci hai la macchina?»
«L'ho comprato un mese fa.» «E tu ci vai nella macchina?»
«Sicuro, se no, che l'avrei comprata a fare?» Insomma, passato il
primo smarrimento, fissammo d'incontrarci il mattino dopo, al
mio bar.

15      In quanti eravamo?[2] Eravamo in cinque; Giustino, io, Flora,
mia moglie, Iole una sua amica, una cavallona bionda cui Flora
voleva trovar marito, e Osvaldo, un disperato numero uno,
commesso, che Iole commessa anche lei nello stesso negozio di
telerie si ostinava a considerare il suo fidanzato. Il fatto che
20 Giustino, benestante e scapolo, si fosse deciso a comprare la
macchina, montò subito alla testa di Flora. Così sono le donne:
appena possono tentano l'intrigo: «Giustino è quello che ci vuole
per Iole... Domani, durante la gita, combiniamo il fidanzamento.» Ma la telefonata andò male, perchè Iole, stupida, si
25 intignò a dire che lei, senza Osvaldo, non si muoveva. Così la
mattina dopo, eccoci tutti e cinque inzeppati dentro la macchina
di Giustino, un'utilitaria che, sebbene fosse di serie, per il solo
fatto di appartenere a Giustino mi sembrava più piccola e più
micragnosa delle compagne.

30      Era una giornata di novembre che pareva una giornata di
ottobre, voglio dire dolce e senza vento, con un sole chiaro che
pareva stanco; e siccome aveva piovuto a dirotto[3] tutta la notte,
la campagna aveva una freschezza che faceva gola, come quella
della lattuga appena tagliata, e slargiava il petto dopo la puzza di
35 benzina della città: cielo azzurro, lavato, luminoso; campi verdi,
gonfi d'acqua, rigogliosi; alberi pezzati di giallo e di rosso per via
d'autunno; e sulla strada, apiccicate sull'asfalto nero, foglie e
foglie che parevano d'oro e quasi quasi[4] veniva rimorso di
passarci sopra con la macchina tanto erano belle. Dentro la
40 macchina, intanto, mentre Giustino, secco come un chiodo,
olivastro, con l'avarizia stampata nelle fossette ai due lati della
bocca, guidava serio serio, Osvaldo, un giovanotto simpatico, con
una gran zazzera ritta sulla testa, il viso di scapestrato e la

[2] **In quanti eravamo?**   How many of us were there?
[3] **aveva... dirotto**   it had poured cats and dogs
[4] **quasi quasi**   almost (*doubled for emphasis*)

cravatta a farfalla con le palline, una ne faceva e cento ne
pensava per tenerci allegri. Si capiva che Iole gli volesse bene, 45
dopo tutto; bastava paragonare Osvaldo a Giustino: povero l'uno,
ricco l'altro; tanto allegro l'uno nella miseria quanto triste l'altro
nell'abbondanza. Ci aveva la specialità, Osvaldo, di rifare il verso
agli animali, come dire la gallina, la papera, il maiale, il gatto, il
cane, e lo faceva così perfetto che in breve Flora e Iole ed io dal 50
gran ridere quasi quasi ci sentivamo male. Giustino lui, invece,
non rideva: bisogna credere che perfino una risata gli paresse uno
spreco. Anzi, si offese quando Osvaldo, chinandosi all'improvviso,
gli fece all'orecchio il verso, riuscitissimo, del somare in amore,
per cui lui perse il controllo e la macchina poco mancò che non 55
andasse a sbattere contro un muro:[5] «Scherzi a buon mercato»,
disse tra i denti. E Iole, esaltata: «Signor Giustino, forse lei
avrebbe preferito che fosse stato uno scherzo caro? Proprio lei?»
Insomma, incominciava a sfotterlo sul capitolo dell'avarizia.[6]

Corriamo per una decina di chilometri e poi, ad un bivio dove 60
c'è una pompa di benzina e la casetta del benzinaro, ecco, la
macchina affloscia l'impeto, scivola e si ferma. «Non c'è più
benzina», disse Giustino indicando il cruscotto, «bisogna com-
prarne dieci litri.» Rimanemmo tutti a bocca aperta perchè
sebbene lo sapessimo che Giustino era avaro, non ci eravamo 65
aspettati che lo mostrasse così presto. Iole soffocò una risata,
mormorando: «Strano.» Giustino mi disse con finto imbarazzo:
«Alessandro paga tu, dopo facciamo i conti.» Chi però rimase
male soprattutto fu Flora, che aveva giurato a Iole che Giustino
ormai, dopo aver comperato la macchina, non doveva più con- 70
siderarsi avaro. Insomma pagai; mentre Giustino fingeva di
rovistare nel cofano; e Osvaldo, al solito scherzoso, esclamava:
«La benzina? Ma chi ha mai detto che ci vuole la benzina per far
camminare le automobili? L'acqua fresca non andrebbe bene lo
stesso?»                                                          75

Ripartimmo; e Flora, sempre con quella idea fissa di far
fidanzare Iole e Giustino, mise il discorso sui matrimoni: «Lei
signor Giustino, per esempio, che aspetta a prender moglie?»
Giustino rispose: «Eh, per me ci vorrebbe una donna tutta

---

[5] **la macchina... muro**   the car almost smashed against a wall
[6] **incominciava... avarizia**   she began to tease him on the subject of avarice

80 speciale, non l'ho ancora trovata.» Iole allora intervenne, a rovinare ogni cosa: «Vuole che gliela descriva io, signor Giustino, la
donna che ci vorrebbe per lei?» Giustino questa volta sorrise e
disse: «Eh, lei non può saperlo.» Lui, poveretto, credeva che Iole
volesse parlare d'amore e si lasciava andare, fiducioso. Ma quella
85 vipera con voce cantante incominciò: «Per prima cosa dovrebbe
essere una donna molto piccola, piccola assai, più piccola di
Pollicino.»[7] E perchè? «Per risparmiare la stoffa dei vestiti, che
diamine.» Giustino accusò il colpo restando zitto; e Iole continuò:
«E poi dovrebbe averci una bella malattia di stomaco, così
90 mangerebbe il meno possibile. Finalmente, visto che lei è così
sciupone, dovrebbe essere una donna avara, in modo da bilan-
ciarla, altrimenti, non si sa mai, tra tutti e due potreste rovinarvi.
Dico bene, signor Giustino?» Questa volta l'attacco era così
diretto, che Giustino sorrise verde, e disse: «Insomma lei mi dà
95 dell'avaro.»[8] E Iole: «Proprio avaro no... diciamo che le dispiace
spendere.» A questo punto, però, Flora intervenne, in tono
autoritario: «Ma chi l'ha detto che Giustino è avaro?... Lui, oggi,
ci proverà che non lo è offrendoci a tutti la colazione.» Flora,
poveretta, voleva in questo modo dare occasione a Giustino di
100 mostrarsi generoso. Fatica sprecata: «Perchè?» disse subito
Giustino. «È tanto più semplice fare alla romana:[9] ognuno per
sè e Dio per tutti.» Flora, delusa, disse soltanto: «Caro Giustino,
con lei non c'è proprio niente da fare.»
    Basta, arriviamo a Castelgandolfo,[10] pigliamo la strada in-
105 torno il lago, per un bosco giallo che era una bellezza, ci fermiamo
davanti al ristorante. Mentre Giustino parcheggiava, notai che
Iole e Osvaldo si appartavano e parlavano tra di loro e ridevano;
ma non ci diedi peso.[11] Entriamo nel ristorante, andiamo dritti
alla terrazza e, come è giusto, restiamo un minuto o due in
110 raccoglimento di fronte allo spettacolo del lago simile ad un
pozzo azzurro, sprofondato tra il verde, tutto annebbiato di sole.
Ad un tratto, ecco il cameriere, con la solita litania: «Che facciamo

[7] **Pollicino**   Hop-o'-my-thumb
[8] **lei... avaro**   you are calling me a miser
[9] **fare alla romana**   go Dutch treat
[10] **Castelgandolfo**   *small town on the ridge of Alban Lake, one of the Castelli romani and summer residence of the Popes*
[11] **non... peso**   I didn't attach much importance to it

di buono? Ci abbiamo i cannelloni, specialità della casa; i polli da fare alla diavola; le trote di lago; fegatelli e allodole. Che facciamo di buono?» Ma Giustino, il quale da quando era entrato, sembrava che avesse inghiottito un palo da tanto era rigido e impacciato, disse alzando una mano: «Piano, io non mi sento bene, ho male allo stomaco, prenderò una minestra e basta.» Avete capito: Giustino non soltanto non voleva pagare per tutti, ma voleva anche pagare poco per se stesso. Osvaldo, allora, fece il gesto: «Peccato che lei stia poco bene: volevo invitarla... ad ogni modo sappiatelo: pago io per tutti.» E a riprova, cavò il portafogli e sventolò per aria un bigliettone da diecimila lire. Avete visto Giustino? Guarda Osvaldo, guarda noi, guarda il cameriere e poi dice: «Beh, ci ho ripensato... dopo tutto mangiare può farmi bene... mangerò quello che mangiate voi.» Mi aspettavo che Iole zompasse sull'occasione, per canzonarlo di nuovo sul capitolo dell'avarizia; invece, con sorpresa di tutti, disse: «Bravo, signor Giustino, dia retta, mangi e non ci pensi, vedrà che dopo si sentirà meglio.» Il tono ragionevole, quasi affettuoso, piacque a Giustino il quale, però, obbiettò debolmente: «Mangerò di tutto, ma poco.» E Iole autoritaria: «No, lei deve mangiare molto, anzi ordino io: cannelloni, dunque, abbondanti e poi tre polli alla diavola, patate arrosto e insalata... per il dolce: zuppa inglese... e ci porti anche del vino, ma buono... non quello sciolto, ci porti qualche bottiglia.»

Il pranzo fu un successo. Eravamo soli, su quel terrazzo, davanti al lago, ma facevamo chiasso per venti. Ciascuno di noi era allegro per i motivi suoi: Flora perchè Iole si mostrava gentile con Giustino; io perchè non si parlava più dell'avarizia di Giustino che dopo tutto era amico mio; Giustino, da vero avaro, perchè sapeva che non avrebbe pagato niente; Iole e Osvaldo per qualche ragione loro che non capivo. Vennero i cannelloni ed erano proprio squisiti; vennero i polli, schiacciati come rane, rosolati a dovere[12] e non finivamo mai di mangiarli tanto erano grossi; venne l'insalata di lattuga, fresca, fragrante, tutta mischiata di erbette saporite come dire rughetta, sedano, finocchio, crispigno, mentuccia; venne la zuppa inglese: una cannonata. Di bottiglie, sigillate, di vino vecchio, ne bevemmo prima due e poi

---

[12] **rosolati a dovere**   browned just right

150 altre due: più di mezzo litro a testa. Osvaldo, allegro come il
solito, fece uno scherzo nuovo, che consisteva nel cucirsi alla
giacca un bottone invisibile con un filo e un ago che non c'erano,
ma con tutti i gesti precisi, come se lui avesse avuto davvero
bottone, filo ed ago. Questa volta rise anche Giustino: mi sa[13] che
155 ammirasse dentro di sè Osvaldo per essere tanto allegro pur
sapendo che tra poco gli sarebbe stato presentato il conto. Intanto
il sole era andato sotto; e il lago si era fatto triste, tutto in ombra;
e, come avviene di novembre, un momento prima faceva caldo e
adesso faceva già quasi freddo. Interpretando il sentimento
160 comune, Osvaldo disse: «Qui c'è il caso di beccarsi un raffreddore,[14] è tempo di andare... cameriere, il conto.»

Viene, dopo un poco, il cameriere con un conto lungo, pieno
di numeroni con tanti zeri. Osvaldo manco lo guarda, cava il
biglietto da diecimila, glielo dà. Il cameriere considerò il biglietto
165 un momento e poi abbozzò un sorriso dicendo: «Ma questo è uno
scherzo.» Osvaldo, quasi offeso, domandò: «Ma che dice? Quale
scherzo?» E il cameriere: «Questo è un biglietto "réclame"... non
lo vede che ci sta scritto? Banca dell'amore, diecimila baci.»
Impensierito, Osvaldo, allora, prese il biglietto, lo guardò e
170 finalmente disse: «È vero... debbo averlo preso per sbaglio...
purtroppo, però, non ci ho che questo... guardate: il portafogli
è vuoto.»

Quello che avvenne dopo, ci vorrebbe uno scrittore di
commedie per riferirlo: io non son buono. Iole si era fatto venire
175 un attacco di risa, che quasi quasi cadeva dalla seggiola; e intanto
ripeteva: «Ora al signor Giustino, gli torna il mal di stomaco,
sicuro:» Flora, anche lei, benchè seccata, non poteva trattenersi
dal sorridere; io, in fondo, mi divertivo; Osvaldo insisteva, invece,
a fingersi mortificato. Quanto a Giustino, lui prima diventò
180 pallido, poi rosso, poi pallido di nuovo e quindi incominciò a
balbettare: «Ma che tranelli sono questi? Ma dove siamo? Io non
pago, dovessi morire, non pago un soldo.» Osvaldo, sempre continuando lo scherzo, gli assicurò: «Paghi lei, signor Giustino, per
tutti... poi a Roma, facciamo i conti.» Questa volta Giustino se la
185 prese con lui: «Ma sta zitto tu, disgraziato, morto di fame, che se

---

[13] **mi sa**   I have the feeling
[14] **beccarsi un raffreddore**   catch a cold

no...» E Osvaldo arrabbiato, sul serio: «Che se no? Forza, coraggio,
vediamo... e intanto non mi dia del tu, non siamo fratelli, mi
pare.» Intimorito Giustino alzò le spalle, ripetendo: «E va bene,
ma io non pago un soldo.»

A me faceva tanta compassione vederlo soffrire in questo 190
modo che, quasi senza pensarci, dissi: «Beh, piantiamola,[15] pago
io.» Ma Flora, in maniera imprevista, intervenne: «No, tu non
paghi niente... o meglio, siccome tu ci hai il bar e Giustino ci ha il
negozio, pagate voi due, metà per uno. E lei Giustino la pianti
e si vergogni: ha mangiato, perchè non vuol pagare?» Parole serie, 195
dette in tono serio, da non ammettere repliche. E infatti Giustino,
rassegnato, chinò il capo, cavò il portafogli e, uno a uno, con la
lentezza dolorosa dell'avaro che dice addio ad ogni spicciolo che
spende, trasse i biglietti da mille e da cento che ci volevano per
la parte sua, e li mise sul tavolo. Ma Iole, crudele, gli domandò: 200
«Gli dispiace, eh?» E Giustino: «No, mi dispiace soltanto di aver
fatto la gita con gente come voi.»

L'insulto era per tutti. La prima ad offendersi fu Iole che
disse alzandosi: «Davvero? Ma noi ce ne torniamo a Roma con la
corriera... andiamo Osvaldo.» Poi Flora: «Vengo anch'io... tu 205
Alessandro puoi tornare insieme con Giustino.» Finalmente, io
pure: «No, aspettatemi... ecco la mia parte, Giustino... arrivederci
e buon ritorno.» Insomma uscimmo tutti e quattro dalla trattoria
lasciando Giustino solo solo, al tavolo ormai in ombra, sul
terrazzo, davanti il muchietto di denaro del conto. 210

Il resto della giornata fu allegro, come se, abbandonato
Giustino, ci fossimo tutti quanti tolta una spina dal piede.
Facemmo una bella passeggiata per i boschi e Iole e Flora colsero
un gran mazzo di ciclamini; quindi andammo al paese e pren-
demmo il caffè con lo schizzo nel bar della piazza. Girammo in 215
lungo e in largo per Castelgandolfo, che è una cittadina proprio
carina benchè vecchia, comprammo le ciambelle con l'aneto che
sono tanto buone e ci ribevemmo sopra un altro caffè. Finalmente
ecco la corriera, piena zeppa di burini indomenicati; ma sebbene
ci tocasse farci in piedi tutto il percorso fino a Roma, non per 220
questo perdemmo l'allegria. E Giustino? Chi l'ha più visto, starà a
bottega, vendendo chiodi, un tanto all'etto.

[15] **piantiamola**   let's knock it off (*Roman slang*)

# Bruno Cicognani

*(1879-    )*

Florentine by birth and literary inclination, Bruno Cicognani was schooled in the double tradition of D'Annunzio and the representatives of Tuscan verism. In the manner of Renato Fucini, his first publications, *La Crittogama* (1908), *Sei storielle di novo conio* (1917), *Gente di conoscenza* (1918), and *Il figurinaio e le figurine* (1920), are reminiscent of that author's flair for caricature and the rapid outlining of character. "Culincenere," a short story from *Il figurinaio e le figurine,* is among the best of this early production, almost unique in its forthright simplicity of language and subject.

With the broadening of his own interests, beginning with the volume of short stories, *Strada facendo* (1930), Cicognani's prose reflects a deeper sympathy and thorough attention to psychological detail, adding dimensions of complexity and modernity to his writing. There is still a concern for the use of particularly Florentine expression, and reference to many local customs and places, rendering much of his work inaccessible to those not familiar with Florence.

The tendencies of Cicognani's naturalistic attitudes toward description of character is apparent in his two novels, *Velia* (1923), and *La Villa Beatrice* (1931), as in his short stories. The disquietude of his

61

protagonists is mirrored in a *piccola-borghese* and *popolaresca* setting at the turn of the century, in which "il meglio del Cicognani si ritrova proprio in quelle minute notazioni, in quella insistenza di dettagli volti a rendere l'atmosfera e che nei romanzi e nei racconti finiscono per avere il sopravvento ottenendo un effetto d'ambiente."

Other volumes of his short stories and *novelle* include: *La mensa di Lazzaro* (1938) in which "Faustino" appears, *L'omino che à spento i fochi* (1937), and *Barucca* (1948).


# Faustino


Precoce fin da bambino, ora, a sedici anni, era già in terzo liceo. Sensibile e fantastico, come tutti i precoci, era stato sorpreso, presto, dal travaglio della pubertà. N'era uscito un giovane taciturno e chiuso, dai gesti radi, lo sguardo timido e la bocca triste.

In casa, poco s'occupavan di lui.                                                    5

Al principio della metamorfosi, le solite esclamazioni, la sorella e la mamma in ispecie: «Che stecche! Si sente che cambi la voce». «T'avevo fatto così bellino e ora mi diventi non si sa che cosa: tutto ginocchi, un collo fuori corso:[1] che momento  10 brutto!». Ma avevano lasciato che se la sbrigasse da sè con la natura. E poi quando, a mutamento compiuto, s'eran trovato quasi un giovanotto coi baffettini neri: «È digià uomo;[2] come

---

[1] **un... corso**   a neck out of all proportion
[2] **digià**  *già*

passa il tempo!»: e avevano pensato ciascuno all'invecchiatura
15 propria.

Ma anche Faustino per i suoi non aveva sentito mai un
grande attaccamento: neppure quand'era ragazzo. È vero che da
ragazzi l'egoismo naturale è così felice che poco ci si cura se la
gente ci vuol bene o no: il bisogno che qualcheduno ci ami vien
20 dopo: quando cominciamo a sentire la natura e la vita a noi
ostili. E in codesto momento Faustino aveva visto i suoi come
non li aveva visti fino a codesto momento.

Aveva visto suo padre fissato in una sola preoccupazione: la
propria salute: il suo cuore, i suoi bronchi, il suo stomaco, il suo
25 intestino: col polso ogni momento in mano, col termometro ogni
momento sotto l'ascella, con la batteria delle boccettine a tavola.
Aveva veduto anche sua madre com'era. «La gente dà tanta
importanza alle cose, specialmente a certe: quando io incontro
per la strada gli uomini e le donne che in gioventù fecero parlare
30 scandalosamente di sè, e ora li vedo, vecchi, con tutto il peso
della vita addosso, mi pare così innocente quello che fecero!».
E lei non aveva mai dato importanza a codeste cose. Ora Faustino
capiva e si spiegava tante mai[3] cose del tempo ch'era bambino: la
presenza sempre d'un amico di casa; ogni tanto uno nuovo: quello
35 di prima a un tratto spariva e ne appariva un altro. Una volta
spariti, non si rivedevano più: soltanto uno Faustino si ricordava
d'averlo veduto ricomparire fedelmente ogni solennità: uno che
a lui sembrava vecchio e aveva una bellissima barba grigia e
vestiva di grigio con un fiore rosso all'occhiello. Portava ogni
40 volta un regalo di lusso alla Lidia, la sorella maggiore. In quanto
poi a questa, ell'era persa tutta nell'ammirazione di sè, del suo
personale, della sua faccia, delle sue *toilettes*.

Faustino quindi, nel momento più critico, si era ritrovato
peggio che tra estranei. Verso suo padre — e poi, era davvero
45 quello suo padre? — indifferenza assoluta; verso sua madre... oh,
quel che egli provava verso sua madre non è agevole dire: un
risentimento accorato perchè ella non era come egli avrebbe
voluto che fosse, specialmente verso di lui. «Per carità, figliolo,
tutto fuorchè romantico: io non ò[4] mai potuto soffrire i ro-

[3] **tante mai**   so many
[4] **ò**   *ho*

mantici!». E quando sua madre diceva a quel modo, Faustino
sentiva come una trafitta. E se lui era così? S'egli aveva bisogno di 50
sentirsi amato e si sentiva solo e la vita gli faceva paura?

Una mattina, in classe, era entrato uno studente nuovo: un
giovanottone con una selva di capelli ricci biondorossastri; e aveva
preso posto accanto a lui. E all'uscita, «Dove stai di casa?» gli 55
aveva domandato il giovanottone.
— Verso San Niccolò.
— Sto anch'io da San Niccolò. Lo zio à[5] trovato casa là.
S'avviarono insieme. E i compagni stupirono che Faustino
avesse così presto fatto amicizia. Cammin facendo, il giovanottone 60
disse di sè, tutto: com'egli vivesse con lo zio e la zia, che l'avevano
preso con loro quando gli era morta la mamma: il babbo non
l'aveva mai conosciuto. Aveva vissuto quasi sempre in Lombardia:
ora lo zio aveva avuto il trasloco a Firenze. Gli zii lo tenevano
così come si tiene un dozzinante: lo zio poi lo aveva addirittura a 65
noia. «Ci deve essere qualche pasticcio nel mio stato civile,
capisci? Forse, questioni anche d'interesse; ma io, sai, me ne
infischio: son superiore a certe miserie. Alla mamma, a lei, volevo
bene; poi, morta lei, è come se al mondo sia rimasto solo. È così
bello, così! Mi sento così libero! E tu?» 70
— Anch'io, come se fossi solo.
Ma c'era tanto dolore, che l'altro rimase in silenzio. Camminavano ambedue a testa bassa, in Lungarno, lungo la spalletta, di
là dal ponte alle Grazie. A un certo punto il giovanottone rialzò
la testa: 75
— Staremo assieme: saremo amici. Vedrai...

Da codesto giorno, tra i due si stabilì una di quelle amicizie
quali non son che tra maschi verso i diciott'anni.
«Gli indivisibili», li chiamavano i compagni; e ogni volta
che ricorreva in classe l'esempio di una di quelle coppie d'amici 80
famose nell'antichità, gli occhi di tutti correvano sui due vicini
dell'ultimo banco: il giovanottone massiccio con la selva fulva di
capelli ricci e il bruno esile coi baffettini corti.
Passeggiavano insieme, andavano al teatro, al cinema insieme,

[5] à *ha*

85 studiavano, la sera dopo cena, insieme: ora in casa dell'uno, ora dell'altro. Ruggero aveva la chiave di casa, e la camera súbito appena entrati. In camera sua c'era perfino un fornello a gas: «Son più le volte che mangio da me solo, che di là con gli zii: digerisco male quand'ò mangiato con loro». In casa di Faustino 90 invece la donna portava il caffè. E una volta lo portò la sorella. «Dio! com'è rozzo!». Fu il giudizio ch'ella dette dell'amico. La madre invece, che lo trovò una volta nell'andito: «Certo, fine non è, ma deve aver la forza d'un toro».

Anche agli occhi di Faustino Ruggero aveva una forza: 95 quella che mancava a lui: e era la forza stessa della vita. Tutto in Ruggero era com'è questa forza: e Faustino s'appoggiava tutto a codesto essere forte, semplice, buono, che si commoveva a ogni atto d'umanità, che non si proponeva mai quesiti astrusi, che non conosceva problemi morali: «È così chiaro che bisogna fare 100 così!». E Faustino si lasciava guidare, e attingeva da codesta fonte che dava senza chieder nulla.

Dal canto suo Ruggero per Faustino provava una specie di suggezione: avvertiva in lui, nella sua sensibilità estrema, in quel che in esso c'era che rimaneva inesplicabile, quasi misterioso a 105 Ruggero, un segno di superiorità come d'un'altra, aristocratica, classe spirituale. Sentiva d'essere il suo sostegno, il suo protettore, ma per il solo fatto d'essere fisicamente più forte: nella fragilità di Faustino sentiva un'altra ricchezza—egli non avrebbe saputo dire in che consistesse — una ricchezza di cui non era geloso e per la 110 quale, forse perchè egli era destinato a ignorarla, gli voleva quel bene. E la propria superiorità fisica gli dava quasi vergogna. Eppure egli non poteva fare a meno della ginnastica: era per lui come il pane: e Faustino era negato a tutto ciò che fosse esercizio fisico. Nonostante questo, andavano insieme anche alla sala di 115 scherma, anche allo *châlet* della *Rari Nantes*. E Faustino s'era abituato anche agli afrori di carne nuda sudata proprî degli spogliatoi delle sale d'armi; e l'andare in barca, Ruggero ai remi e lui al timone, era diventato anche per lui lo spasso favorito.

Non si rendeva conto, Ruggero, non poteva rendersi conto 120 del bene che aveva fatto e che faceva a Faustino. Fin dalla prima volta ch'erano entrati nel tema più delicato e che Ruggero gli aveva detto: «Stasera ti porto io dalla Carlotta», che cosa fosse

stato per Faustino codesto essere andato dalla Carlotta, la materna
Carlotta, Ruggero non poteva aver neppure una idea.

Come non poteva aver l'idea del bene che le parole e    125
l'esempio di lui avevano fatto e continuavano a fare per rendere
la sensibilità dell'amico resistente alla spietatezza indispensabile
della natura e alla crudeltà che la vita esige. «S'io non avessi
conosciuto Ruggero, che cosa sarebbe stato di me?».

Così, ogni giorno via via[6] era cresciuto l'attaccamento di    130
Faustino a Ruggero. Ormai Faustino viveva la vita nella vita
dell'altro: e, riflessa in quella, la vita appariva facile, bella. E non
poteva neppure pensare all'idea che un giorno la vita avrebbe
potuto dividerli. «Finito il liceo, io andrò a medicina». A
Faustino, l'idea soltano della sala anatomica metteva i brividi;    135
ma accanto a Ruggero anche l'abituarsi a trattare i cadaveri per
un maggior bene de vivi sarebbe stata, anche quella, una scuola di
forza. Sarebbe andato a medicina anche lui.

Facevan insieme i piani del loro avvenire passeggiando nella
luce d'un pomeriggio meraviglioso lungo la riva alberata    140
dell'Arno, passato il ponte di San Niccolò. La calura estiva era
temperata dall'ombra dell'albereta e dalla freschezza che mandava
l'acqua corrente. A Ruggero venne l'idea: «Scendiamo alla *Rari
Nantes:* prendiamo la barca, andiamo in su, dov'è bello». Scesero;
e in canotto, Ruggero, con calzoncini bianchi e la maglia, ai remi,    145
Faustino al timone, si staccarono dallo *châlet.*

Ruggero vogava, placido, con la palata che concludeva. Il
gioco delle masse muscolari, l'ansito calmo dell'ampio torace erano
come una gioia della vita. La barca filava, pur contro corrente, a
regolari riprese. E l'acqua era tutt'un vibrìo di lucentezze, e le    150
rive abbagliate, e le colline bianche di ville. Faustino non s'era
mai sentito felice così. E l'aria, mossa dalla vogata, gli raffrescava
tratto tratto[7] la faccia.

Andarono per un bel pezzo;[8] e poi sostarono. L'incanto, lì,
era anche maggiore. C'era un silenzio più fondo, tanto che    155
s'avvertiva il ruscellare, là presso la riva, della corrente. Invece in
quel punto l'acqua, profonda, ferma, aveva dello smeraldo.

[6] **ogni... via**   every day that went by
[7] **tratto tratto**   now and then
[8] **un bel pezzo**   quite a while

—È troppo bello, senti: qui faccio un tuffo.— E Ruggero, da quel nuotatore che era, si tuffò.

160 Ma anzichè ritornare su a galla, Faustino vide il corpo inclinarsi e calare, come una cosa inerte, giù verso il fondo, con la testa in basso. Non poteva credere ai propri occhi. «Ruggero!». E poi, più forte, un grido: «Ruggero!»; e disperatamente: «Ruggero!». Il corpo, giù, obliquo, agitato appena dall'acqua in quel 165 punto mobile appena. E Faustino in ginocchio, con le mani aggrappate all'orlo del canotto, rovesciato il capo perchè la voce spaziasse: «Aiuto! Aiuto!».

Scendeva il corso del fiume una barca di renaiolo scarica. Il renaiolo affrettò, a forza di stanga, l'andar della barca. Quando 170 fu lì, capì subito: «Addio! Aveva mangiato: gli è venuto male. E poi in questo fondale l'acqua è marmata». Osservò ancora un istante: «Si ripesca un morto». Immerse la pala con cui i renaioli tiran su la rena, e trasse a galla il morto... «Sacrato Iddio! Ora la non mi moia anche lei! La guardi piuttosto di darmi una mano». 175 E con l'aiuto — che aiuto! — anche di Faustino, il renaiolo riuscì a finire di trarre dall'acqua e a adagiare sopra la sua barca il morto.

Faustino non poteva distaccare la vista da quella faccia pallida, grondante, con gli occhi semiaperti. Era, quello, Ruggero. E appena dieci minuti fa... Così dalla vita alla morte: così. Ora, 180 Ruggero era quello, era quel morto lì. Il renaiolo dètte con la stanga, la mossa alla barca. E Faustino seguiva, senza saper come, col suo canotto il barcone che andava, andava lento nel mezzo del fiume, tra la magnificenza del sole, dell'acqua lucente, delle colline bianche di ville, andava lento recando nel fondo, supino, il morto 185 dal pallido viso grondante.

Quando tornò a casa, Faustino aveva la febbre. E la febbre andò crescendo: in nottata gli dette il delirio. I suoi seppero soltanto la mattina dopo, dai giornali, l'accaduto. E si spiegaron la febbre. E quando, andata via la febbre, Faustino, alcuni giorni 190 dopo, s'alzò e parve rimesso, credettero che tutto fosse passato: «Si sa, da giovani[9] le impressioni son forti, ma anche si cancellano presto».

Appena uscito, Faustino, secondo il consueto, si avviò verso

---

[9] **Si... giovani**   Everyone knows, when one is young

la casa di Ruggero. Salì quelle scale, sonò a quella porta. Gli aprì
la donna di servizio, che egli non aveva mai vista. «Scusi, vorrei     195
sapere dov'è che l'ànno[10] tumulato...». Quella lo lasciò lì, e
ciabattando si perse verso il fondo oscuro dell'andito. Faustino
guardava lì, subito alla sua sinistra, l'uscio chiuso della camera di
lui. «Alle Porte Sante»: venne la risposta dal fondo oscuro
dell'andito. Faustino riscese le scale. Aveva gli occhi, come il     200
cuore, secchi. E per riuscire a piangere, ripeteva dentro: Ruggero,
Ruggero, Ruggero. Lo rivedeva nell'acqua inclinarsi, corpo inanimato, e calar giù verso il fondo: lo rivedeva pallido, grondante,
e poi supino nella barca del renaiolo. Ma tutto questo lo portava
di là dal pianto, in un altro mondo di sensibilità: dove l'espres-     205
sione più disperata è un sorriso: un certo sorriso. E Faustino aveva
codesto sorriso quando uscì da quella casa.

Dalla vita alla morte, così. Questo improvviso passaggio à[11]
prodotto sempre, nell'anima di chi l'à visto nella persona amata,
un effetto corrispondente: talora, in lui la morte è stata nascita a     210
un'altra vita: ma qualche cosa muore sempre anche in lui. Dalla
vita alla morte, così: era l'idea fissa, era lo spettacolo fisso agli
occhi e alla mente di Faustino. E non c'era più chi gli desse
forza: rimasto abbandonato alla sua debolezza: e era tanta! Il
mondo, la vita: cose troppo più forti di lui; insostenibili ora     215
ch'era rimasto solo, solo con sè. Solo con sè: non è già la morte?
      E ogni giorno i visitatori delle Porte Sante vedevano un
mazzo di fiori freschi sopra una tomba recente, su cui era scritto:
Ruggero...; ogni giorno Faustino dava l'impressione ai suoi di
essere altrove, sempre più lontano, come se qualcosa lo attraesse.     220
C'era qualcosa, infatti, che l'attraeva. Irresistibilmente. E era
quell'acqua che scorreva là, a pochi passi da casa, tra le rive
abbagliate, la mattina, dal sole. Non poteva più fare i Lungarni;
se mai, dalla parte opposta alla spalletta, e allora doveva far forza
allo sguardo ch'era attirato là verso il tremolìo blando. Quando     225
bisognava che passasse il ponte, teneva il mezzo, socchiudendo gli
occhi; e il gorgolìo dell'acqua, giù dal piano lastricato fra le
pigne, gli richiamava il ruscellamento, quel giorno, là, della

[10] ànno   *hanno*
[11] à   *ha*

corrente. E il tempo anzichè attenuare il ricordo, anzichè affiochire
230 il richiamo, dava al ricordo, al richiamo una forza sempre più
magnetica. Egli non poteva resistere più: s'avvicinava ogni giorno,
il momento in cui non avrebbe potuto resistere più.

E una sera non tornò a casa. Anche codesto giorno, sul marmo
dov'era scritto Ruggero..., i visitatori delle Porte Sante avevano
235 visto il mazzo di fiori freschi; ma il giorno dopo, e l'altro, e poi
l'altro, c'era sempre lo stesso, appassito. E il terzo giorno il custode
lo buttò via nel mucchio dei rifiuti, là presso il barbacane delle
antiche mura.

# Aldo Palazzeschi

*(1885-    )*

Early associated with the *crepuscolari* and later with the *futuristi,* Aldo Palazzeschi began his career with the writing of verse, some of which appeared originally in *La Voce* and showed the distinct influence of Pascoli. During this first period, his humorous and ironic talents were unbridled and iconoclastic. "Chi sono? Il saltimbanco dell'anima mia." This quality of lightness and an attempt to mystify also characterize his prose of this period, particularly in *Il codice di Perelà* (1911), the protagonist of which is a man made of smoke who finally disappears into thin air after several adventures in a society which shows only a negative side. Following the First World War, Palazzeschi's tone changes as evidenced in his two best-known novels and in his *racconti.* The former, *Sorelle Materassi* (1934) and *I fratelli Cuccoli* (1948), won for him a lasting reputation in the tradition of Tuscan narrative. Humor is now implicit, with an added touch of bitterness and a growing acceptance of the foibles of humanity. This is often reflected by the many-faceted characters who seem to live in a world of reality, yet occasionally become uprooted and then, like Perelà, poise for flight into the realms of fantasy.

Ｔutte le novelle (1957) gathers together stories from *Il Re bello* (1921), *Il palio dei buffi*

70

(1938), and *Bestie del '900* (1952), as well as stories
published earlier only in newspapers and journals.
"Giulietta e Romeo" is taken from this collection.
Also noteworthy is the earlier volume, *Stampe dell'ot-
tocento* (1932), which paints a vivid and realistic
picture of Florence as Palazzeschi knew it in his
youth.


# Giulietta e Romeo


    La contemplazione del cielo adriatico mi fa pensare ai
quadri di De Pisis.[1] Nessun pittore ha sentito quanto lui il cielo,
anche negli antichi spesso ti accorgi che il cielo rappresentò
l'ultima preoccupazione dell'artista, l'ultima mano, una formalità
5  dell'ultimo momento, quando non divenne una facile espressione
retorica. In un quadro di De Pisis non di rado[2] è protagonista il
cielo con le sue nubi che il pittore ha scoperto e osservato sulla
laguna di Venezia, fra il bacino di San Marco e il mare del Lido:
nubi vaganti, inseguibili, che si svuotano e si addensano, si
10 accavallano e s'investono, s'alzano e si abbassano fino a toccare
l'acqua e la terra come i tendaggi del palcoscenico; che assumono
ogni forma per un giuoco di prestigio in una varietà sbalorditiva
che assume il più delle volte aspetto minaccioso, drammatico: fra
le quali giostrano coi colori del prisma il sole e l'azzurro, ru-
15 moreggia il tuono. De Pisis ha saputo cogliere l'inquietudine di
questo cielo.
    Ma oggi, eccezionalmente, il cielo del Lido è senza nuvole:
neppure un frammento neppure uno straccio, nè un fiocco nè un

[1] **De Pisis**  *(1896–1956) Italian painter, born in Ferrara*
[2] **non di rado**  often

filo, l'azzurro è così limpido e leggero che tu rimanendo disteso
sulla spiaggia ti senti piacevolmente attratto fino a chiudere gli   20
occhi per un senso di smarrimento dolcissimo. Il mare è composto
da strisce di seta che dal turchese attraverso zone verdi giungono
al blu fra luci argentine. Appena delle spumette languide sull'orlo
dove l'acqua lambisce l'arenile. Due o tre vele bianche, lontano,
fanno pensare a un idillio tirrenico, ma qui l'aria è pungente   25
anche nella calma perfetta di un meriggio estivo.

*   *   *

    È l'ora della siesta.
    A gruppi sotto gli ombrelloni policromi o all'ombra delle
capanne i bagnanti riposano; altri distesi allo scoperto offrono il
corpo ai raggi del sole salvaguardando la testa col berrettino di   30
tela o un asciugamano avvolto pomposamente con dignità in-
diana. Tutti dormono o sonnecchiano dopo una colazione di
fortuna. Nell'acqua qualche rara testa galleggia solitaria, sparuta.
    Nel bar dei Mutilati, all'ombra delle stuoie alcuni uomini
giocano a carte intorno alla tavola rustica sulla quale i litri vuoti   35
formano un trofeo. Altri clienti dopo aver mangiato indugiano
sonnacchiosi nell'attesa che il sole riduca la sua fierezza. Sedute su
poltroncine di vimini con aria di privilegio tre signore non più
giovani guardano il mare, ma la loro posizione contemplativa non
è che una mendace apparenza, guardando il mare i loro pensieri   40
sono rivolti in modo esclusivo alle faccende della terra. Sicura-
mente il mare non riesce a farsi vedere malgrado la sua grandezza
e la loro posizione che non potrebbe essere più propizia. Tengono
una conversazione alta di timbro, serrata e colorita, aggressiva,
ma non è che un severo giudizio, la censura, su tutto quello che   45
si fa. All'avvocato Goldoni[3] non riuscì difficile scoprire un collega
nella donna veneziana; mettetene tre insieme d'età avanzata, e
sarete alla sbarra. Portano una vestaglia che le copre fino ai piedi,
non lasciando scoperta che la faccia e la punta delle scarpe.
    È chiaro che sono clienti eccezionali della spiaggia, giornata   50
che dovrebbe essere di riposo e d'oblìo, ma nella quale non

---

[3] **Carlo Goldoni**  *(1707–1793) a lawyer who practiced law in Venice before going on to a career as a playwright. His best comedies were written in the
Venetian dialect, and treated the bourgeois society of Venice in a light tone of
mockery.*

intendono concedere un salutare riposo alla lingua, nè obliare la propria autorità che il singolare ambiente anzi rafforza. Son le sole vestite fra la gente ignuda, e la loro voce è il solo rumore che
55 si avverte.

La prima ha gli occhiali cerchiati d'acciaio e sui capelli grigi tirati alla diavola,[4] un fazzolettino bianco a guisa di cuffia. È rossa in viso con una patatina fra il naso e la guancia. La poltrona di vimini ha rinunciato a contenerla.
60 Quella di mezzo porta certi occhialoni neri che formano due insondabili caverne nella faccia cinerea e il gozzo, enorme impone un giro di circonvallazione al collo della vestaglia. Quando ride, un riso bianco, da un orecchio all'altro la bocca le attraversa la faccia.
65 La terza è la più vivace e spiritosa, secca, dinamica, parla con voce metallica altissima. È quella che ci vede meglio, non porta occhiali ma è orba.

\* \* \*

La conversazione investe i problemi scottanti dell'ora: i turisti che in folla strabocchevole riempiono la città: «*sta*
70 *masnada de done mezo nude per Venezia*».[5] Quella dal gozzo alza un braccio in segno di minaccia. Da cui si vede che la prudenza non basta anche se è molto. Coperte come sono, a loro resta tutto da coprire. «*Tasi, lengua mia, tasi*»[6] ripete intercalando la terza, ma non possiede il mezzo per raggiungere la nobilissima meta.
75 «*E quele vestite da omo?*»[7] La signora del gozzo fa col braccio un più deciso gesto di minaccia. «*Cossa che i fa sti omeni boni da gnente, che no i prende un pesso di legno quando i vede che la mugier la se mete le braghe?*»[8] dice con estrema indignazione la terza, e la prima conclude con acrimonia: «*che i frisa il tel so*
80 *ogio*».[9]

---

[4] **tirati alla diavola**   drawn up from the temples to the top of the head
[5] **sta... Venezia**   *questo branco (questa frotta) di donne mezze nude per Venezia.*   this flock (troop) of women half naked all over Venice
[6] **Tasi... tasi**   *Taci, lingua mia, taci*
[7] **E... omo?**   *E quelle vestite da uomo?*
[8] **Cossa... braghe?**   *Che fanno questi uomini buoni a niente che non prendono un pezzo di legno quando vedono che la donna si mette i pantaloni?*
[9] **che... ogio**   *che friggano nel loro olio*   let them stew in their own juice

Trenta metri più là, al centro della spiaggia è un fortino in cemento residuo di guerra, poco più grande di un pozzo e con la feritoia nella quale veniva puntata la mitragliatrice allora, e alla sua ombra bassa sono distesi due giovani, come in una annunciazione l'uno di fronte all'altra. Lei con un grazioso costumino da 85 bagno di seta celeste e lui con le mutandine del medesimo colore. I capelli dorati dell'una e dell'altro, risplendono sulla pelle di due angioli che da opposta direzione vi siano capitati in volo. Ma le teste sono così vicine che ogni poco, quasi chiamate da una forza magnetica s'allungano leggermente per darsi un bacio. Un bacio 90 nè appiccicoso nè lungo, ma che si ripete all'infinito col profumo e la freschezza di un fiore, e che nell'ora pigra sostituisce la più eloquente parola. Nessuno dei due ha toccato i vent'anni, si capisce, e non so perchè mi fanno pensare a Giulietta e Romeo, forse perchè avendo Shakespeare portato il mare a Verona, diviene 95 un dovere per me mettere Giulietta e Romeo sulla spiaggia.

Le tre signore sedute in fila, seguitano a pronunziare severi giudizi e aspre condanne pure guardando i giovani che ripetono il fatto loro simile a un prodigioso congegno d'orologeria.

Vicino ad esse è un bagnino che profittando del momento di 100 tregua consuma la sua frugale colazione seduto sulla sabbia: nella rude pagnotta produce una frangetta appetitosa la mortadella di Bologna[10] e gli è fedele compagna una bottiglia col vino rosso fino a metà. Anche lui mangiando all'ombra delle stuoie nel Bar dei Mutilati, guarda il mare di cui ogni molecola della sua 105 carne è pregno, quasi lo vedesse per la prima volta, il mare e il cielo quasi fossero un elemento nuovo ogni giorno di sua vita, come il vino che beve e il pane che mangia. Un bagnino che finita la stagione dei bagni ritornerà pescatore nella sua isola di Burano policroma. Senza dubbio vede anche lui i giovani distesi 110 all'ombra del fortino, e li guarda nel modo stesso che guarda il cielo e il mare, e con lo stesso ritmo che quelli si danno un bacio affonda i denti nella pagnotta.

\* \* \*

Sulla poltrona di vimini angusta, ha un primo sussulto la pancia della prima signora, quella della patatina fra naso e 115

[10] **la mortadella di Bologna**   Bolognese sausage

guancia; e a scadenza brevissima produce un impressionante gorgolìo il gozzo della seconda. La terza, dopo aver fatto ripetuti e crescenti segni d'irrequietezza con tutta la persona, rivolgendosi al bagnino esplode:

120      — *Andè!*[11]

E quello, cascando dalle nuvole la guarda:

— *Dove voleu che vada?*[12]

— *Andè!* — ripete con maggiore violenza indicando i due giovani la signora orba: — *no vedè? Vardè! Diseghe qualcosa.*[13]

125      Il bagnino ch'è un ometto d'indefinibile età, con la pelle divenuta come la corteccia degli alberi sotto l'azione del sole dell'acqua e dell'aria marina, pare non abbia voglia d'alzarsi, ma il tono di comando è così imperioso che si decide di malavoglia.

— *Butèghe un secchio d'acqua che ghe passi i calori*[14] — gli 130 grida dietro con tono severo la prima signora.

A due terzi di strada il bagnino si ferma:

— *Ehi! tosi, fenimola.*[15] — E torna indietro, prende la sua bottiglia e senza guardar nessuno se ne va per non ricevere altra incombenza.

135      Come svegliandosi, i giovani si guardano attorno, e su le tre signore si fissa il loro sguardo. S'alzano con lentezza, comprendendo come possa disturbare qualcuno l'altrui felicità; e uno vicino all'altra giungono con la testa bassa fin sull'orlo dove l'acqua lambisce la sabbia. Lì giunti si allacciano alla vita e 140 prendono a camminare piano piano, finchè le loro figurine celesti e oro divengono sempre più piccole, si confondono, si perdono nell'azzurro del cielo, del mare e nell'oro della sabbia.

Non avendo più davanti agli occhi uno spettacolo che dava tanto fastidio, le tre signore con accresciuta baldanza riprendono 145 la loro seduta dopo una causa vinta.

Eppure, vicino a voi era un uomo solitario che tutto osservava in silenzio, un uomo come voi non più giovane, ma lui vedeva quello che guardava: il cielo, il mare, e anche i giovani che

---

[11] Andè!  *Andate!*
[12] Dove... vada?  *Dove volete che vada?*
[13] no.... qualcosa  *non vedete? Guardate! Ditegli qualcosa!*
[14] Butèghe... calori  *Buttategli (loro) un secchio d'acqua che gli (loro) faccia passare i calori.*
[15] Ehi!... fenimola.  *Ehi! ragazzi, finiamola.*

all'ombra del fortino ogni poco si davano un bacio, e vedeva come tutto vivesse in un'armonia infinita, e per i superstiti occhi 150 penetrava nel suo animo tanta gioia. A voi non è rimasto nemmeno quella, povere vecchie, v'è rimasto poco davvero.

# Giovannino Guareschi

(1908-    )

Giovannino Guareschi has written a suc-
cinct autobiography: "Il 1⁰ maggio 1908, a Fonta-
nelle di Roccabianca, ridente villa della Bassa par-
mense, in una delle casette che si affacciano sulla
piazza, nacque una bambina cui venne dato il nome
di Ermelinda. Non ero io: io nacqui sì in quel paese
e il primo maggio 1908, ma in una casa dall'altra
parte della piazza. Tanto è vero che poi mi venne
dato il nome di Giovannino. Ho frequentato con
profitto il Liceo Classico dove ho imparato come non
deve scrivere un giornalista. Poi ho frequentato
l'Università, ma non ho ancora trovato il tempo per
laurearmi: l'unico inconveniente è che, adesso, non
mi ricordo più se ho frequentato il corso di Giurispru-
denza o quello di Medicina. Il parere dei miei compagni di studi è discorde. Scrivo e disegno ma non
sono in grado di dirvi se sono da disistimare più
come scrittore che come disegnatore. Ciononostante
tiro avanti discretamente, aiutato molto dal fatto di
possedere due notevoli baffi che mi danno una certa
notorietà. Conduco una vita molto semplice. Non
mi piace viaggiare, non pratico nessuno sport, non
credo nelle vitamine. In compenso credo in Dio. . ."
    Guareschi's most popular books are the
adventures of don Camillo, a country priest whose
best friend and archenemy is Peppone, mayor of the

town and head of the local Communist Party. *Mondo piccolo, don Camillo* appeared in 1948, and *Mondo piccolo, don Camillo e il suo gregge,* in 1953. The individual chapters of both volumes appeared earlier in the weekly Milanese publication, *Candido,* and have since been translated into more than twenty-five languages. His other works include, *La scoperta di Milano* (1941), humorous autobiographical essays, *Il destino si chiama Clotilde* (1942), "romanzo d'amore e di avventura con una importante digressione la quale, per quanto d'indole personale si innesta mirabilmente nella vicenda e la corrobora rendendola vieppiù varia e interessante," and *Corrierino delle famiglie* (1954), further stories about his family.

# Peccato confessato

Don Camillo era uno di quei tipi che non hanno peli sulla lingua[1] e, la volta che in paese era successo un sudicio pasticcio nel quale erano immischiati vecchi possidenti e ragazze, don Camillo durante la messa aveva cominciato un discorsetto generico e ammodino, poi a un bel momento, scorgendo proprio in prima fila uno degli scostumati, gli erano scappati i cavalli[2] e, interrotto il suo dire, aveva gettato un drappo sulla testa di Gesù crocifisso dell'altar maggiore perchè non sentisse e, piantandosi i pugni sui fianchi, aveva finito il discorso a modo suo, e tanto era

5

---

[1] **non... lingua**   are very outspoken
[2] **gli... cavalli**   he was carried away

¹⁰ tonante la voce che usciva dalla bocca di quell'omaccione, e tanto grosse le diceva,[3] che il soffitto della chiesetta tremava.

Naturalmente, don Camillo, venuto il tempo delle elezioni, si era espresso in modo così esplicito nei riguardi degli esponenti locali delle sinistre che, una bella sera, tra il lusco e il brusco,[4] ¹⁵ mentre tornava in canonica, un pezzaccio d'uomo intabarrato gli era arrivato alle spalle schizzando fuor da una siepe e, approfittando del fatto che don Camillo era impacciato dalla bicicletta, al manubrio della quale era appeso un fagotto con settanta uova, gli aveva dato una robusta suonata con un palo, scomparendo poi ²⁰ come inghiottito dalla terra.

Don Camillo non aveva detto niente a nessuno. Arrivato in canonica e messe in salvo le uova, era andato in chiesa a consigliarsi con Gesù, come faceva sempre nei momenti di dubbio.

«Cosa debbo fare», aveva chiesto don Camillo.

²⁵ «Spennellati la schiena con un po' d'olio sbattuto nell'acqua e statti zitto», gli aveva risposto Gesù dal sommo dell'altare. «Bisogna perdonare chi ci offende. Questa è la regola».

«Va bene», aveva obiettato don Camillo. «Qui però si tratta di legnate, non di offese».

³⁰ «E cosa vuol dire?», gli aveva sussurrato Gesù. «Forse che le offese recate al corpo sono più dolorose di quelle recate allo spirito?».

«D'accordo, Signore. Ma voi dovete tener presente che, legnando me che sono il vostro ministro, hanno recato offesa a ³⁵ voi. Io lo faccio più per voi che per me».

«E io non ero forse più ministro di Dio di te? E non ho forse perdonato a chi mi ha inchiodato sulla croce?».

«Con voi non si può ragionare», aveva concluso don Camillo. «Avete sempre ragione voi. Sia fatta la vostra volontà. Perdo- ⁴⁰ neremo. Però ricordatevi che se quelli, imbaldanziti dal mio silenzio, mi spaccheranno la zucca,[5] la responsabilità sarà vostra. Io potrei citare dei passi del Vecchio Testamento...».

«Don Camillo, a me vieni a parlare di Vecchio Testamento! Per quanto riguarda il resto, mi assumo ogni responsabilità. Però,

---

[3] **tanto... diceva**  he spoke so offensively
[4] **tra... brusco**  at twilight
[5] **mi... zucca**  split my skull open (*zucca is colloquial for* head)

detto fra noi, una pestatina ti sta bene, così impari a fare della 45
politica in casa mia».

Don Camillo aveva perdonato. Però una cosa gli era rimasta
di traverso nel gozzo,[6] come una lisca di merluzzo: la curiosità di
sapere chi l'avesse spennellato.

\* \* \*

Passò del tempo e, una sera tardi, mentre era nel con- 50
fessionale, don Camillo vide attraverso la grata la faccia del
capoccia dell'estrema sinistra, Peppone.

Peppone che veniva a confessarsi era un avvenimento da far
rimanere a bocca aperta. Don Camillo si compiacque.

«Dio sia con te, fratello: con te più d'ogni altro hai bisogno 55
della sua santa benedizione. È da molto tempo che non ti
confessi?».

«Dal 1908», rispose Peppone.

«Figurati i peccati che hai fatto in questi ventotto anni, con
quelle belle idee che hai per la testa».                              60

«Eh sì, parecchi», sospirò Peppone.

«Per esempio?».

«Per esempio, due mesi fa vi ho bastonato».

«È grave», rispose don Camillo. «Offendendo un ministro di
Dio tu hai offeso Dio».                                               65

«Me ne sono pentito», esclamò Peppone. «Io poi non vi ho
bastonato come ministro di Dio, ma come avversario politico. È
stato un momento di debolezza».

«Oltre a questo e all'appartenenza a quel tuo diabolico
partito, hai altri peccati gravi?».                                  70

Peppone vuotò il sacco.[7]

In complesso era poca roba, e don Camillo lo liquidò con
una ventina fra Pater e Avemarie. Poi mentre Peppone si
inginocchiava davanti alla balaustra per dire la sua penitenza,
don Camillo andò a inginocchiarsi sotto il Crocifisso.               75

«Gesù», disse, «perdonatemi, ma io gliele pesto».

«Neanche per sogno»,[8] rispose Gesù. «Io l'ho perdonato e
anche tu devi perdonare. In fondo è un brav'uomo».

---

[6] **una... gozzo**   one thing stuck in his throat
[7] **vuoto... sacco**   got everything off his chest
[8] **Neanche per sogno**   By no means

«Gesù, non ti fidare dei rossi: quelli tirano a fregare.
80 Guardalo bene; non vedi che faccia da barabba che ha?».[9]

«Una faccia come tutte le altre. Don Camillo, tu hai il cuore avvelenato!».

«Gesù, se vi ho servito bene fatemi una grazia: lasciate almeno che gli sbatta quel candelotto sulla schiena. Cos'è una
85 candela, Gesù mio?».

«No», rispose Gesù. «Le tue mani sono fatte per benedire, non per percuotere».

Don Camillo sospirò. Si inchinò e uscì dal cancelletto. Si volse verso l'altare per segnarsi ancora, e così si trovò dietro le
90 spalle di Peppone che, inginocchiato, era immerso nelle sue preghiere.

«Sta bene», gemette don Camillo giungendo le palme e guardando Gesù. «Le mani sono fatte per benedire, ma i piedi no!».

95 «Anche questo è vero», disse Gesù dall'alto dell'altare. «Però mi raccomando, don Camillo: una sola!».

La pedata partì come un fulmine, Peppone incassò[10] senza battere ciglio, poi si alzò e sospirò, sollevato:

«È dieci minuti che l'aspettavo», disse. «Adesso mi sento
100 meglio».

«Anch'io», esclamò don Camillo che aveva ora il cuore sgombro e netto come il cielo sereno.

Gesù non disse niente. Ma si vedeva che era contento anche lui.

[9] **barabba** Barabbas. *In prison for sedition and murder at the time Jesus was brought before Pontius Pilate. Given their choice when one of the two men was to be released, the people chose Barabbas.*
[10] **incassò** *incassare to receive a blow without manifesting any reaction. A verb taken from boxing jargon.*

# Scuola serale

La squadra degli uomini intabarrati prese cauta la via dei campi. Era buio profondo, ma tutti conoscevano quella terra zolla per zolla e marciavano sicuri. Arrivarono dietro una piccola casa isolata, fuori del paese mezzo miglio, e scavalcarono la siepe dell'orto. 5

Attraverso le gelosie di una finestra del primo piano filtrava un po' di luce.

«Andiamo bene», sussurrò Peppone che aveva il comando della piccola spedizione. «È ancora alzata. Il colpo è riuscito. Bussa tu, Spiccio». 10

Uno alto e ossuto dalla faccia decisa si avanzò e bussò un paio di colpi alla porta.

«Chi è?», disse dal di dentro una voce.

«Scartazzini», rispose l'uomo.

Di lì a poco[11] la porta si aperse e apparve una vecchia piccola 15 dai capelli bianchi come la neve, che reggeva in mano una lucernetta. Gli altri uscirono dall'ombra e vennero davanti alla porta.

«Chi è tutta quella gente?», chiese la vecchia sospettosa.

«Sono con me», spiegò lo Spiccio. «Tutti amici. Dobbiamo 20 parlarle di cose importanti».

Entrarono tutti e dieci in una saletta pulita, e ristettero muti, accigliati e intabarrati davanti al tavolino al quale la vecchia era andata a sedersi. La vecchia inforcò gli occhiali e guardò le facce che spuntavano dai tabarri neri. 25

«Mmm!», borbottò. Li conosceva tutti a memoria dal principio alla fine, quei tipi. Aveva ottantasei anni e aveva

---

[11] **Di lì a poco**   a short time later

cominciato a insegnare l'abbiccì in paese quando ancora l'abbiccì
era roba da grande città. Aveva insegnato ai padri, ai figli e ai
30 figli dei figli. Aveva pestato bacchettate sulle zucche più importanti del paese. Da un pezzo[12] s'era ritirata dall'insegnamento
e viveva sola in quella remota casetta, ma avrebbe potuto lasciare
spalancate le porte perchè la "signora Cristina" era un monumento nazionale e nessuno avrebbe osato toccarle un dito.

35     «Cosa c'è?», chiese la signora Cristina.

«È successo un fatto», spiegò lo Spiccio. «Ci sono state le
elezioni comunali e hanno vinto i rossi».

«Brutta gente i rossi», commentò la signora Cristina.

«I rossi che hanno vinto siamo noi», continuò lo Spiccio.

40     «Brutta gente lo stesso!» insistè la signora Cristino. «Nel
1901 quel cretino di tuo padre voleva che togliessi il Crocifisso
dalla scuola».

«Altri tempi», disse lo Spiccio. «Adesso è diverso».

«Meno male»,[13] borbottò la vecchia. «E allora?».

45     «Allora il fatto è che abbiamo vinto noi, ma ci sono anche
due della minoranza, due dei neri».

«Neri?».

«Sì, due reazionari: Spilletti e il cavalier Bignini...».

La signora Cristina ridacchiò:

50     «Quelli, se siete rossi, vi faranno diventare gialli dall'itterizia!
Figurati con tutte le stupidaggini che direte!».

«Per questo siamo qui», borbottò lo Spiccio. «Noi non
possiamo che venire da lei, perchè soltanto di lei possiamo fidarci.
Lei, si capisce, pagando, ci deve aiùtare».

55     «Aiutare?».

«Qui c'è tutto il consiglio comunale. Noi veniamo per i
campi la sera tardi, e lei ci fa un po' di ripasso. Ci riguarda le
relazioni che dovremo leggere, ci spiega le parole che non riu-
sciamo a capire. Noi sappiamo quello che vogliamo e non ci
60 sarebbe bisogno di tante poesie, ma con quelle due carogne
bisogna parlare in punta di forchetta[14] o ci fanno passare per
stupidi davanti al popolo».

[12] **Da un pezzo**   Some time ago
[13] **Meno male**   So much the better
[14] **parlare... forchetta**   speak with affectation or affected elegance

La signora Cristina scosse gravemente il capo.

«Se voi invece di fare i mascalzoni aveste studiato quando era ora, adesso...».                                                65

«Signora, roba di trent'anni fa...».

La signora Cristina inforcò gli occhiali, ed eccola col busto diritto, come ringiovanita di trent'anni. E anche gli altri erano ringiovaniti di trent'anni.

«Seduti», disse la signora Cristina. E tutti si accomodarono 70 su sedie e panchette.

La signora Cristina alzò la fiamma della lucerna e passò in rassegna le facce dei dieci: appello senza parole. Ogni viso un nome e il ricordo di una fanciullezza.

Peppone era in un angolo buio, messo un po' di traverso. 75

La signora Cristina alzò la lucerna. Poi rimise giù la lucerna e alzò il dito ossuto.

«Tu, vattene!», disse con voce dura.

Lo Spiccio tentò di dire qualcosa, ma la signora Cristina scosse il capo.                                                   80

«In casa mia Peppone non deve neanche entrarci in fotografia!», esclamò. «Troppe me ne hai fatte, giovanotto. Troppe e troppe grosse! Fuori e non farti più vedere!».

Lo Spiccio allargò le braccia desolato.

«Signora Cristina, ma come si fa? Peppone è il sindaco!».    85

La signora Cristina si alzò e brandì minacciosa una lunga bacchetta.

«Sindaco o non sindaco, via di qui o ti do tante bacchettate che ti pelo la zucca.

Peppone si alzò.                                            90

«Ve l'avevo detto?», disse uscendo. «Troppe ne ho fatte».

«E ricordati che qui dentro non ci metti più piede neanche se tu diventassi ministro dell'istruzione!», lo minacciò la signora Cristina, rimettendosi a sedere. «Asino!».

\*  \*  \*

Don Camillo nella chiesa deserta illuminata soltanto da due 95 ceri dell'altare stava chiacchierando col Cristo crocifisso.

«Non è certo per criticare il vostro operato», concluse a un bel momento. «Ma io non avrei permesso che un Peppone

diventasse sindaco con una giunta nella quale soltanto due
100 persone sanno correttamente leggere e scrivere».

«La cultura non conta un bel niente, don Camillo», rispose
sorridendo il Cristo. «Quelle che contano sono le idee. I bei
discorsi non concludono niente se sotto le belle parole non ci sono
idee pratiche. Prima di dare un giudizio mettiamoli alla prova».

105 «Giustissimo», approvò don Camillo. «Io dicevo questo
semplicemente perchè, se avesse vinto la lista dell'avvocato, avevo
già l'assicurazione che il campanile sarebbe stato rimesso a posto.
Ad ogni modo se la torre crollerà, in compenso sorgerà in paese
una magnifica casa del popolo con sale da ballo, vendita di
110 liquori, sale per il gioco d'azzardo, teatro per spettacoli di
varietà...».

«E serraglio per metterci dentro i serpenti velenosi come
don Camillo», concluse il Cristo.

Don Camillo abbassò il capo. Gli dispiaceva di essersi
115 dimostrato così maligno. Alzò la testa.

«Voi mi giudicate male», disse. Voi sapete cosa significa per
me un sigaro. Ebbene, ecco: questo è l'unico sigaro che io
posseggo, e guardate quel che ne faccio».

Trasse di tasca un sigaro e lo sbriciolò con l'enorme mano.

120 «Bravo», disse il Cristo. «Bravo don Camillo. Accetto la tua
penitenza. Però adesso tu mi fai vedere a buttar via le briciole
perchè tu saresti capace di mettertele in tasca e fumartele poi
nella pipa».

«Ma qui siamo in chiesa», protestò don Camillo.

125 «Don Camillo non ti preoccupare. Butta il tabacco in
quell'angolo».

Don Camillo eseguì sotto lo sguardo compiaciuto del Cristo,
ed ecco si udì bussare alla porticina della sagrestia ed entrò
Peppone.

130 «Buona sera, signor sindaco», esclamò don Camillo con
molta deferenza.

«Sentite», disse Peppone. «Se un cristiano ha un dubbio su
una cosa che ha fatto e viene da voi a raccontarvela, se vi accorgete
che quello ha commesso degli errori, voi glieli fate rilevare o
135 potete anche infischiarvene?».

Don Camillo si seccò.

«Come osi mettere in dubbio la dirittura di un sacerdote?
Il primo dovere di un sacerdote è quello di far rilevare chiara-
mente tutti gli errori che il penitente ha commesso!».

«Bene», esclamò Peppone. «Siete pronto a raccogliere la mia    140
confessione?».

«Sono pronto».

Peppone trasse di tasca un grosso scartafaccio e cominciò a
leggere: *«Cittadini, nel mentre salutiamo la vittoria affermativa
della lista...».*    145

Don Camillo lo interruppe con un gesto e andò a inginocchiarsi davanti all'altare.

«Gesù», mormorò, «io non rispondo più delle mie azioni!».

«Ne rispondo io», rispose il Cristo. «Peppone ti ha battuto e
tu devi accusare onestamente il colpo e comportarti secondo i tuoi    150
impegni».

«Gesù», insistette don Camillo, «vi rendete conto che mi fate
lavorare per l'Agit-Prop?».[15]

«Tu lavori per la grammatica, la sintassi e la ortografia, le
quali cose non hanno niente di diabolico nè di settario».    155

Don Camillo inforcò gli occhiali, impugnò il lapis e rimise
in piedi i periodi traballanti del discorso che Peppone doveva
leggere il giorno dopo. Peppone rilesse gravemente.

«Bene», approvò. «L'unica cosa che non capisco è questa.
Dove io dicevo: *"È nostro intendimento fare ampliare l'edificio*    160
*scolastico e ricostruire il ponte sul Fossalto"*, voi avete corretto:
*"È nostro intendimento fare ampliare l'edificio scolastico, far*
*riparare la torre della chiesa e far ricostruire il ponte sul Fossalto"*:
perchè?».

«È una questione di sintassi», spiegò gravemente don    165
Camillo.

«Beati voi che avete studiato il latino e capite tutte le
sfumature della lingua», sospirò Peppone. «E così», aggiunse,
«anche la speranza che vi caschi in testa la torre sfuma».

Don Camillo allargò le braccia.    170

«Bisogna inchinarsi alla volontà di Dio».

---

[15] **l'Agit-Prop**  *l'Agitazione propagandistica*, the political propaganda organ of
the Communist Party in Italy which was particularly active in the 1948 elections.

Quando rientrò dopo aver accompagnato Peppone alla porta, don Camillo venne a salutare il Cristo.

«Bravo, don Camillo», gli disse sorridendo il Cristo. «Ti
175 avevo giudicato male, e mi dispiace che tu abbia rotto l'ultimo tuo sigaro. È una penitenza che non meritavi. Però, siamo sinceri: è stato ben villano quel Peppone a non offrirti neppure un sigaro, dopo tutta la tua fatica!».

«E va bene», sospirò don Camillo cavando dalla tasca un
180 sigaro e accingendosi a stritolarlo nella grossa mano.

«No, don Camillo», disse il Cristo sorridendo. «Vattelo a fumare in pace. Te lo sei meritato».

«Ma...».

«No, don Camillo, non l'hai rubato. Peppone ne aveva due
185 nel taschino, di sigari. Peppone è comunista: prelevandone destramente uno, tu non hai fatto che prenderti la tua parte».

«Nessuno meglio di voi sa queste cose», esclamò don Camillo con molto rispetto.

# Dino Buzzati

*(1906-    )*

Born in Belluno, Dino Buzzati has lived most of his life in Milano. Like many of his contemporaries his writing career was initiated when he decided on journalism as a profession, after having studied law at the university. In 1928 he began writing for *Corriere della Sera,* later becoming one of its editors. His first novels, *Barnabò delle montagne* (1933) and *Il segreto del bosco vecchio* (1935), introduce several thematic ideas and symbols which are later more fully developed in his finest novel, *Il deserto dei Tartari* (1940), and in his volume of short stories, *Sessanta racconti* (1958), which includes "Sette piani." This collection contains stories published earlier in *Paura alla Scala* (1949), *I sette messaggeri* (1942), and *Il crollo della Baliverna* (1954). It earned for him the Premio Strega in 1958, after close competition with Carlo Cassola. In the early 1940's Buzzati served as a war correspondent aboard navy vessels, and after the war he did some writing for the theater, including an adaptation of the earlier work, *Un caso clinico* (1946).

Buzzati is often called the Italian Kafka. There is a certain truth in this appellation to the extent that one finds in his writing many of the traces of Kafka's ambiguity and terrifying equivocation. Buzzati, however, creates his own and unique spiritual portrait of lyric and psychological gesture and action in which the role of nature and inanimate objects is that of a constant, mysterious foil to the protagonist. His characters find themselves in situations seemingly real and controllable, but reality soon blends with the fantastic and the impossible, and control turns to perplexity as violence, or more often intense fear, begins to dominate the scene.

Buzzati's most recent novels, *Il grande ritratto* (1960) and *Un amore* (1963), sustain the tone of his previous writing, differing only in that they attempt a rapprochement of the author's predilection for symbol, parable, and the quandaries imposed by a swiftly changing modern society. *Il grande ritratto* follows recent trends in science fiction, while *Un amore* is the story of a man who finds it impossible to understand the world of his much younger girl friend. In a completely different vein is *L'invasione degli orsi in Sicilia* (1945), a novella-length children's tale with illustrations by the author.

# Sette piani

Dopo un giorno di viaggio in treno, Giuseppe Corte arrivò, una mattina di marzo, alla città dove c'era la famosa casa di cura. Aveva un po' di febbre, ma volle fare ugualmente a piedi la strada fra la stazione e l'ospedale, portandosi la sua valigetta.

5    Benchè avesse soltanto una leggerissima forma incipiente, Giuseppe Corte era stato consigliato di rivolgersi al celebre sanatorio, dove non si curava che quell'unica malattia. Ciò garantiva un'eccezionale competenza nei medici e la più razionale ed efficace sistemazione d'impianti.

Quando lo scorse da lontano — e lo riconobbe per averne già  10
visto la fotografia in una circolare pubblicitaria — Giuseppe Corte
ebbe un'ottima impressione. Il bianco edificio a sette piani era
solcato da regolari rientranze che gli davano una fisionomia vaga
d'albergo. Tutt'attorno era una cinta di alti alberi.

Dopo una sommaria visita medica, in attesa di un esame più  15
accurato Giuseppe Corte fu messo in una gaia camera del settimo
ed ultimo piano. I mobili erano chiari e lindi come la tappezzeria,
le poltrone erano di legno, i cuscini rivestiti di policrome stoffe.
La vista spaziava su uno dei più bei quartieri della città. Tutto
era tranquillo, ospitale e rassicurante.                       20

Giuseppe Corte si mise subito a letto e, accesa la lampadina
sopra il capezzale, cominciò a leggere un libro che aveva portato
con sè. Poco dopo entrò un'infermiera per chiedergli se desi-
derasse qualcosa.

Giuseppe Corte non desiderava nulla ma si mise volentieri a  25
discorrere con la giovane, chiedendo informazioni sulla casa di
cura. Seppe così la strana caratteristica di quell'ospedale. I
malati erano distribuiti piano per piano a seconda della gravità.
Il settimo, cioè l'ultimo, era per le forme leggerissime. Il sesto era
destinato ai malati non gravi ma neppure da trascurare. Al quinto  30
si curavano già afflizioni serie e così di seguito, di piano in piano.
Al secondo erano i malati gravissimi. Al primo quelli per cui era
inutile sperare.

Questo singolare sistema, oltre a sveltire grandemente il
servizio, impediva che un malato leggero potesse venir turbato  35
dalla vicinanza di un collega in agonia, e garantiva in ogni piano
un'atmosfera omogenea. D'altra parte la cura poteva venir così
graduata in modo perfetto.

Ne derivava che gli ammalati erano divisi in sette progressive caste. Ogni piano era come un piccolo mondo a sè, con le  40
sue particolari regole, con le sue speciali tradizioni. E siccome
ogni settore era affidato a un medico diverso, si erano formate, sia
pure minime, ma precise differenze nei metodi di cura, nonostante
il direttore generale avesse impresso all'istituto un unico fondamentale indirizzo.                                             45

Quando l'infermiera fu uscita, Giuseppe Corte, sembrandogli
che la febbre fosse scomparsa, raggiunse la finestra e guardò fuori,
non per osservare il panorama della città, che pure era nuova per

lui, ma nella speranza di scorgere, attraverso le finestre, altri
50 ammalati dei piani inferiori. La struttura dell'edificio, a grandi
rientranze, permetteva tale genere di osservazione. Soprattutto
Giuseppe Corte concentrò la sua attenzione sulle finestre del
primo piano che sembravano lontanissime, e che si scorgevano
solo di sbieco. Ma non potè vedere nulla di interessante. Nella
55 maggioranza erano ermeticamente sprangate dalle grigie persiane
scorrevoli.

Il Corte si accorse che a una finestra di fianco alla sua stava
affacciato un uomo. I due si guardarono a lungo con crescente
simpatia, ma non sapevano come rompere il silenzio. Finalmente
60 Giuseppe Corte si fece coraggio e disse: «Anche lei sta qui da
poco?».

«Oh no» fece l'altro «sono qui già da due mesi...» tacque
qualche istante e poi, non sapendo come continuare la conversazione, aggiunse: «Guardavo giù mio fratello».

65 «Suo fratello?»

«Sì» spiegò lo sconosciuto. «Siamo entrati insieme, un caso
veramente strano, ma lui è andato peggiorando, pensi che adesso
è già al quarto.»

«Al quarto che cosa?»

70 «Al quarto piano» spiegò l'individuo e pronunciò le due
parole con una tale espressione di commiserazione e di orrore,
che Giuseppe Corte restò quasi spaventato.

«Ma son così gravi al quarto piano?» domandò cautamente.

«Oh Dio» fece l'altro, scuotendo lentamente la testa «non
75 sono ancora così disperati, ma c'è comunque poco da stare
allegri.»

«Ma allora» chiese ancora il Corte, con una scherzosa disinvoltura come di chi accenna a cose tragiche che non lo riguardano
«allora, se al quarto sono già così gravi, al primo chi mettono
80 allora?»

«Oh, al primo sono proprio i moribondi. Laggiù i medici
non hanno più niente da fare. C'è solo il prete che lavora. E
naturalmente...»

«Ma ce n'è pochi al primo piano» interruppe Giuseppe
85 Corte, come se gli premesse di avere una conferma «quasi tutte
le stanze sono chiuse laggiù.»

«Ce n'è pochi, adesso, ma stamattina ce n'erano parecchi»

rispose lo sconosciuto con un sottile sorriso. «Dove le persiane sono abbassate là qualcuno è morto da poco. Non vede, del resto, che negli altri piani tutte le imposte sono aperte? Ma mi scusi» aggiunse ritraendosi lentamente «mi pare che cominci a far freddo. Io ritorno in letto. Auguri, auguri...» 90

L'uomo scomparve dal davanzale e la finestra venne chiusa con energia; poi si vide accendersi dentro una luce. Giuseppe Corte se ne stette ancora immobile alla finestra fissando le 95 persiane abbassate del primo piano. Le fissava con un'intensità morbosa, cercando di immaginare i funebri segreti di quel terribile primo piano dove gli ammalati venivano confinati a morire; e si sentiva sollevato di sapersene così lontano. Sulla città scendevano intanto le ombre della sera. Ad una ad una le mille 100 finestre del sanatorio si illuminavano, da lontano si sarebbe potuto pensare a un palazzo in festa. Solo al primo piano, laggiù in fondo al precipizio, decine e decine di finestre rimanevano cieche e buie.

Il risultato della visita medica generale rasserenò Giuseppe 105 Corte. Incline di solito a prevedere il peggio, egli si era già in cuor suo preparato a un verdetto severo e non sarebbe rimasto sorpreso se il medico gli avesse dichiarato di doverlo assegnare al piano inferiore. La febbre infatti non accennava a scomparire, nonostante le condizioni generali si mantenessero buone.[1] Invece 110 il sanitario gli rivolse parole cordiali e incoraggianti. Un principio di male c'era — gli disse — ma leggerissimo; in due o tre settimane probabilmente tutto sarebbe passato.

«E allora resto al settimo piano?» aveva domandato ansiosamente Giuseppe Corte a questo punto. 115

«Ma naturalmente!» gli aveva risposto il medico battendogli amichevolmente una mano su una spalla. «E dove pensava di dover andare? Al quarto forse?» chiese ridendo, come per alludere alla ipotesi più assurda.

«Meglio così, meglio così» fece il Corte. «Sa? Quando si è 120 ammalati si immagina sempre il peggio...»

Giuseppe Corte infatti rimase nella stanza che gli era stata

---

[1] **nonostante... buone**   in spite of the fact that his general condition remained satisfactory

assegnata originariamente. Imparò a conoscere alcuni dei suoi compagni di ospedale, nei rari pomeriggi in cui gli veniva con-
125 cesso d'alzarsi. Seguì scrupolosamente la cura, mise tutto l'impegno a guarire rapidamente, ma ciononostante le sue condizioni pareva rimanessero stazionarie.

Erano passati circa dieci giorni, quando a Giuseppe Corte si presentò il capo-infermiere del settimo piano. Aveva da chiedere
130 un favore in via puramente amichevole: il giorno dopo doveva entrare all'ospedale una signora con due bambini; due camere erano libere, proprio di fianco alla sua, ma mancava la terza; non avrebbe consentito il signor Corte a trasferirsi in un'altra camera, altrettanto confortevole?

135 Giuseppe Corte non fece naturalmente nessuna difficoltà; una camera o un'altra per lui erano lo stesso; gli sarebbe anzi toccata forse una nuova e più graziosa infermiera.

«La ringrazio di cuore» fece allora il capo-infermiere con un leggero inchino; «da una persona come lei le confesso non mi
140 stupisce un così gentile atto di cavalleria. Fra un'ora, se lei non ha nulla in contrario, procederemo al trasloco. Guardi che bisogna scendere al piano di sotto» aggiunse con voce attenuata come se si trattasse di un particolare assolutamente trascurabile.

«Purtroppo in questo piano non ci sono altre camere libere. Ma è
145 una sistemazione assolutamente provvisoria» si affrettò a specifi-care vedendo che Corte, rialzatosi di colpo a sedere, stava per aprir bocca in atto di protesta «una sistemazione assolutamente provvisoria. Appena resterà libera una stanza, e credo che sarà fra due o tre giorni, lei potrà tornare di sopra.»

150 «Le confesso» disse Giuseppe Corte sorridendo, per dimo-strare di non essere un bambino «le confesso che un trasloco di questo genere non mi piace affatto.»

«Ma non ha alcun motivo medico questo trasloco; capisco benissimo quello che lei intende dire, si tratta unicamente di una
155 cortesia a questa signora che preferisce non rimaner separata dai suoi bambini... Per carità» aggiunse ridendo apertamente «non le venga neppure in mente che ci siano altre ragioni!»

«Sarà» disse Giuseppe Corte «ma mi sembra di cattivo augurio.»

Il Corte così passò al sesto piano, e sebbene fosse convinto che   160
questo trasloco non corrispondesse a un peggioramento del male,
si sentiva a disagio al pensiero che tra lui e il mondo normale,
della gente sana, già si frapponesse un netto ostacolo. Al settimo
piano, porto d'arrivo, si era in un certo modo ancora in contatto
con il consorzio degli uomini; esso si poteva anzi considerare   165
quasi un prolungamento del mondo abituale. Ma al sesto già si
entrava nel corpo autentico dell'ospedale; già la mentalità dei
medici, delle infermiere e degli stessi ammalati era leggermente
diversa. Già si ammetteva che a quel piano venivano accolti dei
veri e propri ammalati, sia pure in forma non grave. Dai primi   170
discorsi fatti con i vicini di stanza, con il personale e con i sanitari,
Giuseppe Corte si accorse come in quel reparto, il settimo piano
venisse considerato come uno scherzo, riservato ad ammalati
dilettanti, affetti più che altro da fisime; solo dal sesto, per così
dire, si cominciava davvero.   175

Comunque Giuseppe Corte capì che per tornare di sopra, al
posto che gli competeva per le caratteristiche del suo male,
avrebbe certamente incontrato qualche difficoltà; per tornare al
settimo piano, egli doveva mettere in moto un complesso organismo, sia pure per un minimo sforzo; non c'era dubbio che   180
se egli non avesse fiatato, nessuno avrebbe pensato a trasferirlo di
nuovo al piano superiore dei "quasi-sani".

Giuseppe Corte si propose perciò di non transigere sui suoi
diritti e di non cedere alle lusinghe dell'abitudine. Ai compagni
di reparto teneva molto a specificare di trovarsi con loro   185
soltanto per pochi giorni, ch'era stato lui a voler scendere d'un
piano per fare un piacere a una signora, e che appena fosse
rimasta libera una stanza sarebbe tornato di sopra. Gli altri lo
ascoltavano senza interesse e annuivano con scarsa convinzione.

Il convincimento di Giuseppe Corte trovò piena conferma   190
nel giudizio del nuovo medico. Anche questi[2] ammetteva che
Giuseppe Corte poteva benissimo essere assegnato al settimo
piano; la sua forma era as-so-lu-ta-men-te leg-ge-ra — e scandiva
tale definizione per darle importanza — ma in fondo riteneva che
al sesto piano Giuseppe Corte forse potesse essere meglio curato.   195

«Non cominciamo con queste storie» interveniva a questo

----

[2] **questi**   he (the latter)

punto il malato con decisione «lei mi ha detto che il settimo piano
è il mio posto; e voglio ritornarci.»

«Nessuno ha detto il contrario» ribatteva il dottore «il mio era
200 un puro e semplice consiglio non da dot-to-re, ma da au-ten-ti-co
a-mi-co! La sua forma, le ripeto, è leggerissima, non sarebbe
esagerato dire che lei non è nemmeno ammalato, ma secondo me
si distingue da forme analoghe per una certa maggiore estensione.
Mi spiego: l'intensità del male è minima, ma considerevole
205 l'ampiezza; il processo distruttivo delle cellule» era la prima volta
che Giuseppe Corte sentiva là dentro quella sinistra espressione
«il processo distruttivo delle cellule è assolutamente agli inizi,
forse non è neppure cominciato, ma tende, dico solo *tende,* a
colpire contemporaneamente vaste porzioni dell'organismo. Solo
210 per questo, secondo me, lei può essere curato più efficacemente
qui, al sesto, dove i metodi terapeutici sono più tipici ed intensi.»

Un giorno gli fu riferito che il direttore generale della casa di
cura, dopo essersi lungamente consultato con i suoi collaboratori,
aveva deciso un mutamento nella suddivisione dei malati. Il
215 grado di ciascuno di essi — per così dire — veniva ribassato di un
mezzo punto. Ammettendosi che in ogni piano gli ammalati
fossero divisi, a seconda della loro gravità, in due categorie,
(questa suddivisione veniva effettivamente fatta dai rispettivi
medici, ma ad uso esclusivamente interno) l'inferiore di queste
220 due metà veniva d'ufficio traslocata a un piano più basso. Ad
esempio, la metà degli ammalati del sesto piano, quelli con forme
leggermente più avanzate, dovevano passare al quinto; e i meno
leggeri del settimo piano passare al sesto. La notizia fece piacere a
Giuseppe Corte, perchè in un così complesso quadro di traslochi,
225 il suo ritorno al settimo piano sarebbe riuscito assai più facile.

Quando accennò a questa sua speranza con l'infermiera egli
ebbe però un'amara sorpresa. Seppe cioè che egli sarebbe stato
traslocato, ma non al settimo bensì al piano di sotto. Per motivi
che l'infermiera non sapeva spiegargli, egli era stato compreso
230 nella metà più "grave" degli ospiti del sesto piano e doveva perciò
scendere al quinto.

Passata la prima sorpresa, Giuseppe Corte andò in furore;
gridò che lo truffavano, che non voleva sentir parlare di altri
traslochi in basso, che se ne sarebbe tornato a casa, che i diritti

erano diritti e che l'amministrazione dell'ospedale non poteva 235
trascurare così sfacciatamente le diagnosi dei sanitari.

Mentre egli ancora gridava arrivò il medico per tranquillizzarlo. Consigliò al Corte di calmarsi se non avesse voluto veder salire la febbre, gli spiegò che era successo un malinteso, almeno parziale. Ammise ancora una volta che Giuseppe Corte sarebbe 240 stato al suo giusto posto se lo avessero messo al settimo piano, ma aggiunse di avere sul suo caso un concetto leggermente diverso, se pure personalissimo. In fondo in fondo[3] la sua malattia poteva, in un certo senso s'intende, essere anche considerato di sesto grado, data l'ampiezza delle manifestazioni morbose. Lui stesso però non 245 riusciva a spiegarsi come il Corte fosse stato catalogato nella metà inferiore del sesto piano. Probabilmente il segretario della direzione, che proprio quella mattina gli aveva telefonato chiedendo l'esatta posizione clinica di Giuseppe Corte, si era sbagliato nel trascrivere. O meglio la direzione aveva di proposito 250 leggermente "peggiorato" il suo giudizio, essendo egli ritenuto un medico esperto[4] ma troppo indulgente. Il dottore infine consigliava il Corte a non inquietarsi, a subire senza proteste il trasferimento; quello che contava era la malattia, non il posto in cui veniva collocato un malato. 255

Per quanto si riferiva alla cura — aggiunse ancora il medico — Giuseppe Corte non avrebbe poi avuto da rammaricarsi; il medico del piano di sotto aveva certo più esperienza; era quasi dogmatico che l'abilità dei dottori andasse crescendo, almeno a giudizio della direzione, man mano[5] che si scendeva. La camera era altrettanto 260 comoda ed elegante. La vista ugualmente spaziosa: solo dal terzo piano in giù la visuale era tagliata dagli alberi di cinta.

Giuseppe Corte, in preda alla febbre serale, ascoltava ascoltava le meticolose giustificazioni con una progressiva stanchezza. Alla fine si accorse che gli mancavano la forza e soprattutto 265 la voglia di reagire ulteriormente all'ingiusto trasloco. E senza altre proteste si lasciò portare al piano di sotto.

L'unica, benchè povera, consolazione di Giuseppe Corte, una volta che si trovò al quinto piano, fu di sapere che per giudizio

---

[3] **In fondo in fondo**   After all
[4] **essendo... esperto**   since he was considered a skillful doctor
[5] **man mano**   as

270 concorde di medici, di infermieri e ammalati, egli era in quel
reparto il meno grave di tutti. Nell'ambito di quel piano insomma egli poteva considerarsi di gran lunga[6] il più fortunato.
Ma d'altra parte lo tormentava il pensiero che oramai ben due
barriere si frapponevano fra lui e il mondo della gente normale.
275    Procedendo la primavera, l'aria intanto si faceva più tepida,
ma Giuseppe Corte non amava più come nei primi giorni affacciarsi alla finestra; benchè un simile timore fosse una pura
schiocchezza, egli si sentiva rimescolare tutto da uno strano
brivido alla vista delle finestre del primo piano, sempre nella
280 maggioranza chiuse, che si erano fatte assai più vicine.
    Il suo male sembrava stazionario. Dopo tre giorni di
permanenza al quinto piano, si manifestò anzi sulla gamba destra
una specie di eczema che non accennò a riassorbirsi nei giorni
successivi. Era un'affezione — gli disse il medico — assolutamente
285 indipendente dal male principale; un disturbo che poteva capitare
alla persona più sana del mondo. Ci sarebbe voluta, per
eliminarlo in pochi giorni, una intensa cura di raggi digamma.
    «E non si possono avere qui i raggi digamma?» chiese
Giuseppe Corte.
290    «Certamente» rispose compiaciuto il medico «il nostro
ospedale dispone di tutto. C'è un solo inconveniente...»
    «Che cosa?» fece il Corte con un vago presentimento.
    «Inconveniente per modo di dire» si corresse il dottore
«volevo dire che l'installazione per i raggi si trova soltanto al
295 quarto piano e io le sconsiglierei di fare tre volte al giorno un
simile tragitto.»
    «E allora niente?»
    «Allora sarebbe meglio che fino a che l'espulsione non sia
passata lei avesse la compiacenza di scendere al quarto.»
300    «Basta!» urlò allora esasperato Giuseppe Corte. «Ne ho già
abbastanza di scendere! Dovessi crepare, al quarto non ci vado!»
    «Come lei crede» fece conciliante il medico per non irritarlo
«ma come medico curante, badi che le proibisco di andar da
basso tre volte al giorno.»
305    Il brutto fu che l'eczema, invece di attenuarsi, andò lentamente ampliandosi. Giuseppe Corte non riusciva a trovare requie

[6] **di gran lunga**   by far

e continuava a rivoltarsi nel letto. Durò così, rabbioso, per tre
giorni, fino a che dovette cedere. Spontaneamente pregò il medico
di fargli praticare la cura dei raggi e di essere trasferito al piano
inferiore.                                                              310
   Quaggiù il Corte notò, con inconfessato piacere, di rappresentare un'eccezione. Gli altri ammalati del reparto erano
decisamente in condizioni molto serie e non potevano lasciare
neppure per un minuto il letto. Egli invece poteva prendersi il
lusso di raggiungere a piedi, dalla sua stanza, la sala dei raggi, fra  315
i complimenti e la meraviglia delle stesse infermiere.
   Al nuovo medico, egli precisò con insistenza la sua posizione
specialissima. Un ammalato che in fondo aveva diritto al settimo
piano veniva a trovarsi al quarto. Appena l'espulsione fosse
passata, egli intendeva ritornare di sopra. Non avrebbe assoluta-   320
mente ammesso alcuna nuova scusa. Lui, che sarebbe potuto
trovarsi legittimamente ancora al settimo.
   «Al settimo, al settimo!» esclamò sorridendo il medico che
finiva proprio allora di visitarlo. «Sempre esagerati voi ammalati!
Sono il primo io a dire che lei può essere contento del suo stato; a  325
quanto vedo dalla tabella clinica, grandi peggioramenti non ci
sono stati. Ma da questo a parlare di settimo piano —mi scusi la
brutale sincerità— c'è una certa differenza! Lei è uno dei casi
meno preoccupanti, ne convengo io, ma è pur sempre un
ammalato!»                                                              330
   «E allora, allora» fece Giuseppe Corte accendendosi tutto nel
volto «lei a che piano mi metterebbe?»
   «Oh, Dio, non è facile dire, non le ho fatto che una breve
visita, per poter pronunciarmi dovrei seguirla per almeno una
settimana.»                                                             335
   «Va bene» insistette Corte «ma pressapoco lei saprà.»
   Il medico per tranquillizzarlo, fece finta di concentrarsi un
momento in meditazione e poi, annuendo con il capo a se stesso,
disse lentamente: «Oh Dio! proprio per accontentarla, ecco, ma
potremo in fondo metterla al sesto! Sì sì» aggiunse come per      340
persuadere se stesso. «Il sesto potrebbe andar bene.»
   Il dottore credeva così di far lieto il malato. Invece sul volto
di Giuseppe Corte si diffuse un'espressione di sgomento: si

.accorgeva, il malato, che i medici degli ultimi piani l'avevano
345 ingannato; ecco qui questo nuovo dottore, evidentemente più
abile e più onesto, che in cuor suo — era evidente — lo assegnava,
non al settimo, ma al quinto piano, e forse al quinto inferiore!
La delusione inaspettata prostrò il Corte. Quella sera la febbre
salì sensibilmente.

350     La permanenza al quarto piano segnò il periodo più tranquillo passato da Giuseppe Corte dopo l'entrata all'ospedale. Il
medico era persona simpaticissima, premurosa e cordiale; si
tratteneva spesso anche per delle ore intere a chiacchierare degli
argomenti più svariati. Giuseppe Corte discorreva pure molto
355 volentieri, cercando argomenti che riguardassero la sua solita vita
d'avvocato e d'uomo di mondo. Egli cercava di persuadersi di
appartenere ancora al consorzio degli uomini sani, di essere
ancora legato al mondo degli affari, di interessarsi veramente dei
fatti pubblici. Cercava, senza riuscirvi. Invariabilmente il discorso
360 finiva sempre per cadere sulla malattia.
    Il desiderio di un miglioramente qualsiasi era divenuto in
Giuseppe Corte un'ossessione. Purtroppo i raggi digamma, se
erano riusciti ad arrestare il diffondersi dell'espulsione cutanea,
non erano bastati ad eliminarla. Ogni giorno Giuseppe Corte ne
365 parlava lungamente col medico e si sforzava in questi colloqui di
mostrarsi forte, anzi ironico, senza mai riuscirvi.
    «Mi dica, dottore» disse un giorno «come va il processo
distruttivo delle mie cellule?»
    «Oh, ma che brutte parole!» lo rimproverò scherzosamente il
370 dottore. «Dove mai le ha imparate? Non sta bene, non sta bene,
soprattutto per un malato! Mai più voglio sentire da lei discorsi
simili.»
    «Va bene» obiettò il Corte «ma così lei non mi ha risposto.»
    «Oh, le rispondo subito» fece il dottore cortese. «Il processo
375 distruttivo delle cellule, per ripetere la sua orribile espressione, è,
nel suo caso minimo, assolutamente minimo. Ma sarei tentato di
definirlo ostinato.»
    «Ostinato, cronico vuol dire?»
    «Non mi faccia dire quello che non ho detto. Io voglio dire

soltanto ostinato. Del resto sono così la maggioranza dei casi. 380
Affezioni anche lievissime spesso hanno bisogno di cure energiche
e lunghe.»

«Ma mi dica, dottore, quando potrò sperare in un miglioramento?»

«Quando? Le predizioni in questi casi sono piuttosto diffi- 385
cili... Ma senta» aggiunse dopo una pausa meditativa «vedo che
lei ha una vera e propria smania di guarire... se non temessi di
farla arrabbiare, sa che cosa le consiglierei?»

«Ma dica, dica pure, dottore...»

«Ebbene, le pongo la questione in termini molti chiari. Se io, 390
colpito da questo male in forma anche tenuissima, capitassi in
questo sanatorio, che è forse il migliore che esista, mi farei
assegnare spontaneamente, e fin dal primo giorno, fin dal primo
giorno, capisce? a uno dei piani più bassi. Mi farei mettere
addirittura al...»                                                   395

«Al primo?» suggerì con uno sforzato sorriso il Corte.

«Oh no! al primo no!» rispose ironico il medico «questo poi
no! Ma al terzo o anche al secondo di certo. Nei piani inferiori la
cura è fatta molto meglio, le garantisco, gli impianti sono più
completi e potenti, il personale è più abile. Lei sa poi chi è 400
l'anima di questo ospedale?»

«Non è il professor Dati?»

«Già il professor Dati. È lui l'inventore della cura che qui si
pratica, lui il progettista dell'intero impianto. Ebbene, lui, il
maestro, sta, per così dire, fra il primo e il secondo piano. Di là 405
irraggia la sua forza direttiva. Ma, glielo garantisco io, il suo
influsso non arriva oltre al terzo piano; più in là si direbbe che
gli stessi suoi ordini si sminuzzino, perdano di consistenza,
deviino; il cuore dell'ospedale è in basso e in basso bisogna stare
per avere le cure migliori.»                                          410

«Ma insomma» fece Giuseppe Corte con voce tremante
«allora lei mi consiglia...»

«Aggiunga una cosa» continuò imperterrito il dottore «aggiunga che nel suo caso particolare ci sarebbe da badare anche
all'espulsione. Una cosa di nessuna importanza ne convengo, ma 415
piuttosto noiosa, che a lungo andare potrebbe deprimere il suo
"morale"; e lei sa quanto è importante per la guarigione la

serenità di spirito. Le applicazioni di raggi che io le ho fatte sono
riuscite solo a metà fruttuose. Il perchè? Può darsi che sia un
420 puro caso, ma può darsi anche che i raggi non siano abbastanza
intensi. Ebbene, al terzo piano le macchine dei raggi sono molto
più potenti. Le probabilità di guarire il suo eczema sarebbero
molto maggiori. Poi vede? una volta avviata la guarigione, il
passo più difficile è fatto. Quando si comincia a risalire, è poi
425 difficile tornare ancora indietro. Quando lei si sentirà davvero
meglio, allora nulla impedirà che lei risalga qui da noi o anche
più in su, secondo i suoi "meriti" anche al quinto, al sesto,
persino al settimo oso dire...»

«Ma lei crede che questo potrà accelerare la cura?»

430 «Ma non ci può essere dubbio. Le ho già detto che cosa farei
io nei suoi panni.»[7]

Discorsi di questo genere il dottore ne faceva ogni giorno a
Giuseppe Corte. Venne infine il momento in cui il malato, stanco
di patire per l'eczema, nonostante l'istintiva riluttanza a scendere,
435 decise di seguire il consiglio del medico e si trasferì al piano di
sotto.

Notò subito al terzo piano che nel reparto ˙regnava una
speciale gaiezza, sia nel medico, sia nelle infermiere, sebbene
laggiù fossero in cura ammalati molto preoccupanti. Si accorse
440 anzi che di giorno in giorno questa gaiezza andava aumentando:
incuriosito, dopo che ebbe preso un po' di confidenza con
l'infermiera, domandò come mai fossero tutti così allegri.

«Ah, non lo sa?» rispose l'infermiera «fra tre giorni andiamo
in vacanza.»

445 «Come; andiamo in vacanza?»

«Ma sì. Per quindici giorni, il terzo piano si chiude e il
personale se ne va a spasso. Il riposo tocca a turno ai vari piani.»

«E i malati? come fate?»

«Siccome ce n'è relativamente pochi, di due piani se ne fa uno
450 solo.»

«Come? riunite gli ammalati del terzo e del quarto?»

«No, no» corresse l'infermiera «del terzo e del secondo.
Quelli che sono qui dovranno discendere da basso.»

[7] **che... panni**   what I would do (if I were) in your shoes

«Discendere al secondo?» fece Giuseppe Corte, pallido come
un morto. «Io dovrei così scendere al secondo?»                    455
«Ma certo. E che cosa c'è di strano? Quando torniamo, fra
quindici giorni, lei ritornerà in questa stanza. Non mi pare che ci
sia da spaventarsi.»

Invece Giuseppe Corte — un misterioso istinto lo avvertiva —
fu invaso da una crudele paura. Ma, visto che non poteva    460
trattenere il personale dall'andare in vacanza, convinto che la
nuova cura coi raggi più intensi gli facesse bene — l'eczema si era
quasi completamente riassorbito — egli non osò muovere formale
opposizione al nuovo trasferimento. Pretese però, incurante dei
motteggi delle infermiere, che sulla porta della sua nuova stanza    465
fosse attaccato un cartello con su scritto "Giuseppe Corte, del
terzo piano, di passaggio". Una cosa simile non trovava precedenti
nella storia del sanatorio, ma i medici non si opposero, pensando
che in un temperamento nervoso quale il Corte anche una piccola
contrarietà potesse provocare una grave scossa.                    470

Si trattava in fondo di aspettare quindici giorni nè uno di
più, nè uno di meno. Giuseppe Corte si mise a contarli con
avidità ostinata, restando per delle ore intere immobile sul letto,
con gli occhi fissi sui mobili, che al secondo piano non erano più
così moderni e gaî come nei reparti superiori, ma assumevano    475
dimensioni più grandi e linee più solenni e severe. E di tanto in
tanto aguzzava le orecchie poichè gli pareva di udire dal piano di
sotto, il piano dei moribondi, il reparto dei "condannati", vaghi
rantoli di agonie.

Tutto questo naturalmente contribuiva a scoraggiarlo. E la    480
minore serenità sembrava aiutare la malattia, la febbre tendeva a
salire, la debolezza generale si faceva più fonda. Dalla finestra
— si era oramai in piena estate e i vetri si tenevano quasi sempre
aperti — non si scorgevano più i tetti e neppure le case della città,
ma soltanto la muraglia verde degli alberi che circondavano    485
l'ospedale.

Dopo sette giorni, un pomeriggio verso le due, entrarono
improvvisamente il capo-infermiere e tre infermieri, che spinge-
vano un lettuccio a rotelle. «Siamo pronti per il trasloco?»
domandò in tono di bonaria celia il capo-infermiere.                490

«Che trasloco?» domandò con voce stentata Giuseppe Corte «che altri scherzi sono questi? Non tornano fra sette giorni quelli del terzo piano?»

«Che terzo piano?» disse il capo-infermiere come se non capisse «io ho avuto l'ordine di condurla al primo, guardi qua» e fece vedere un modulo stampato per il passaggio al piano inferiore firmato nientemeno che dallo stesso professore Dati.

Il terrore, la rabbia infernale di Giuseppe Corte esplosero allora in lunghe irose grida che si ripercossero per tutto il reparto. «Adagio, adagio per carità» supplicarono gli infermieri «ci sono dei malati che non stanno bene!» Ma ci voleva altro per calmarlo.

Finalmente accorse il medico che dirigeva il reparto, una persona gentilissima e molto educata. Si informò, guardò il modulo, si fece spiegare dal Corte. Poi si rivolse incollerito al capo-infermiere, dichiarando che c'era stato uno sbaglio, lui non aveva dato alcuna disposizione del genere, da qualche tempo c'era una insopportabile confusione, lui veniva tenuto all'oscuro di tutto... Infine, detto il fatto suo[8] al dipendente, si rivolse, in tono cortese, al malato, scusandosi profondamente.

«Purtroppo però» aggiunse il medico «purtroppo il professor Dati proprio un'ora fa è partito per una breve licenza, non tornerà che fra due giorni. Sono assolutamente desolato, ma i suoi ordini non possono essere trasgrediti. Sarà lui il primo a rammaricarsene, glielo garantisco... un errore simile! Non capisco come possa essere accaduto!»

Ormai un pietoso tremito aveva preso a scuotere Giuseppe Corte. La capacità di dominarsi gli era completamente sfuggita. Il terrore l'aveva sopraffatto come un bambino. I suoi singhiozzi risuonavano lenti e disperati per la stanza.

Giunse così, per quell'esecrabile errore, all'ultima stazione. Nel reparto dei moribondi lui, che in fondo, per la gravità del male, a giudizio anche dei medici più severi, aveva il diritto di essere assegnato al sesto, se non al settimo piano! La situazione era talmente grottesca che in certi istanti Giuseppe Corte sentiva quasi la voglia di sghignazzare senza ritegno.

Disteso nel letto, mentre il caldo pomeriggio d'estate passava lentamente sulla grande città, egli guardava il verde degli alberi

[8] **detto... suo**   having given a piece of his mind

attraverso la finestra, con l'impressione di essere giunto in un
mondo irreale, fatto di assurde pareti a piastrelle sterilizzate, di
gelidi androni mortuari, di bianche figure umane vuote di anima.     530
Gli venne persino in mente che anche gli alberi che gli sembrava
di scorgere attraverso la finestra non fossero veri; finì anzi per
convincersene, notando che le foglie non si muovevano affatto.

Questa idea lo agitò talmente, che il Corte chiamò col
campanello l'infermiera e si fece porgere gli occhiali da miope,     535
che in letto non adoperava; solo allora riuscì a tranquillizzarsi un
poco: con l'aiuto delle lenti potè assicurarsi che erano proprio
alberi veri e che le foglie, sia pur leggermente, ogni tanto erano
mosse dal vento.

Uscita che fu l'infermiera, passò un quarto d'ora di completo     540
silenzio. Sei piani, sei terribili muraglie, sia pure per un errore
formale, sovrastavano adesso Giuseppe Corte con implacabile
peso. In quanti anni, sì, bisognava pensare proprio ad anni, in
quanti anni egli sarebbe riuscito a risalire fino all'orlo di quel
precipizio?     545

Ma come mai la stanza si faceva improvvisamente così buia?
Era pur sempre pomeriggio pieno. Con uno sforzo supremo
Giuseppe Corte, che si sentiva paralizzato da uno strano torpore,
guardò l'orologio, sul comodino, di fianco al letto. Erano le tre e
mezzo. Voltò il capo dall'altra parte, e vide che le persiane     550
scorrevoli, obbedienti a un misterioso comando, scendevano
lentamente, chiudendo il passo alla luce.

*EXERCISES*

# Il tunnel

1. Quante persone c'erano alla stazione? Chi erano?
2. Da dove veniva il treno che si aspettava?
3. Cosa faceva il facchino nella sala d'aspetto?
4. A quale carriera pensava il capostazione? Perchè?
5. Perchè il capostazione si meravigliò quando sentì il rumore di un treno?
6. Come sapeva che la motrice era nuova?
7. Perchè non voleva ammettere quello che stava succedendo?
8. Chi vide al finestrino della motrice?
9. Cosa faceva il macchinista?
10. Cosa disse il macchinista al capostazione?
11. Come lo disse?
12. Perchè il macchinista non poteva fermare il treno?
13. Dove si sarebbero scontrati i due treni?
14. Che significò il tintinnìo dal campanello della banchina?
15. Come il capostazione aveva già sciupato una possibilità di salvare il treno?
16. Cosa fece infine? Perchè?
17. Si sentiva colpevole?
18. Perchè chiamò il telegrafista?
19. Come c'entrava la sua volontà?
20. Si potrebbe interpretare questo racconto in modo allegorico?
21. Faccia un ritratto psicologico del protagonista.
22. È un personaggio tragico?
23. Che cosa rappresentano il facchino ed il macchinista?
24. È vero che il capostazione ha *sacrificato* la propria "mobilità?"
25. Perchè le ultime righe sono di andamento così spezzato?
26. Come viene presentata l'idea della libertà?

*Usare le seguenti espressioni in frasi:*

1. sudar(e) freddo
2. per lo meno
3. di nuovo
4. fare in tempo
5. in attesa
6. a tutta velocità

7. sulle prime                 12. d'altro canto
8. rendersi conto (di)         13. svenire
9. un tale                     14. convincersi
10. d'improvviso               15. sentirsi male
11. tocca a lui
    (a me, a te, ecc.)

*Formare avverbi dai seguenti aggettivi e usarli in frasi:*

1. vago              9. grave
2. certo            10. contrario
3. tranquillo       11. diverso
4. terribile        12. allegro
5. altro            13. irregolare
6. triste           14. confortevole
7. probabile        15. simile
8. freddo

*Completare:*

1. Il treno doveva *(come out)* dal vicino tunnel.
2. Era una stazione piccola e *(very little frequented)*.
3. *(Not even)* un viaggiatore aspettava l'accelerato.
4. Il facchino, *(overcome by the heat)*, dormiva nella sala d'aspetto.
5. La linea, dunque, è *(on an incline)*.
6. Guardando dalla parte *(opposite)*, vede una motrice.
7. Ebbe subito la percezione di quel che *(was happening)*.
8. Il macchinista agitava le braccia *(like a madman)*.
9. La macchina *(meanwhile)* si avvicinava.
10. *(Yet)* l'assenza di fumo gli sembrò *(reassuring)*.
11. *(In a few moments)* avrebbe imboccato il tunnel.
12. Gli ordinò di chiedere soccorso per *(the wounded)*.
13. Le gambe *(no longer supported him)*.
14. *(He didn't succeed)* convincersi.
15. La sua volontà *(had nothing to do with it)*.

# Stania

*Rispondere:*

1. Perchè Stania è venuta in Italia a studiare?
2. Che cosa studia?
3. Come la chiamano le sue compagne?
4. Perchè non le dispiace quel soprannome?
5. Perchè la sua famiglia aveva dovuto trasferirsi? Dove abita adesso?
6. Con quali mezzi ha viaggiato Stania?
7. La mamma di che cosa le aveva riempito la sacca da viaggio?
8. Le era dispiaciuto lasciare la Bulgaria?
9. Una volta arrivata, dove andò ad abitare?
10. Come imparò l'italiano?
11. Perchè non aveva accettato l'invito d'una famiglia bulgara?
12. Cosa faceva durante i periodi d'esami?
13. Come si vestiva durante la settimana?
14. Cosa voleva fare dopo aver finito gli studi?
15. Che cosa faceva nei momenti liberi?
16. Dove andavano a finire i suoi ricami?
17. Quando ballava? Quali danze faceva?
18. Come somigliava Stania alle sue compagne italiane?
19. Secondo il narratore, che cosa dovrebbe fare invece di far carriera?
20. Quali sono le industrie del suo paese?
21. Come contrastano gli elementi moderni e quelli tradizionali nella descrizione di Stania?
22. Che tipo di periodo l'autore usa di preferenza?
23. Si capisce che l'autore è una donna? Come?
24. Perchè è importante l'atteggiamento nostalgico di Stania?
25. Quali parti del racconto manifestano il lirismo dell'autore?
26. Quali sono i simboli più efficaci?

*Usare in frasi:*

1. una borsa di studio
2. frequentare
3. farsi onore
4. prima d'allora
5. aver voglia (di)
6. farsi strada
7. trovarsi bene
8. a furia di

|  |  |
|---|---|
| 9. occorrere | 12. farsi venire i nervi |
| 10. a dritto e a | 13. parlare ad alta voce |
| rovescio | 14. occuparsi |
| 11. di soggiorno | 15. prendersi per mano |

*Tradurre:*

1. It is always interesting to meet someone who isn't yet twenty years old.
2. She likes everyone and everything.
3. Having won the competition, she left for Italy.
4. Before then she had never traveled alone.
5. Her gayness was made of her desire and hope of succeeding.
6. There is no eighteen-year-old in the world who doesn't believe himself to be master of tomorrow.
7. She felt at home, as though she had been born there.
8. In three years she would have a degree in chemistry and all the world in front of her.
9. When she embroidered, she was another person.
10. The designs have been handed down from generation to generation.
11. She put on her native costume only on Sundays, and after much insisting by her friends.
12. Everyone in her country dances: men, women, children, even the old people.
13. Dancing is a part of their life, like eating and drinking.
14. Bulgaria's most important industry is the production of rose essence.
15. I can see her as the wife of someone from her native city.
16. Her face changes, her tone changes, and she becomes the Stania of every day.
17. What she wants is the degree, to get ahead, to travel, to earn her living, to make herself independent.
18. One of her companions asks her if it wouldn't be better for her to marry.
19. A strange kind of pride keeps her from talking about love.
20. In this, many of the co-eds at her university resemble her.
21. They don't renounce a complete life; they put it off until later.
22. Fine. But I look at Stania when she wears the costume of a Bulgarian peasant, and I see her true beauty.

# Teresita

*Rispondere:*

1. Perchè i ragazzi si nascondevano quando vedevano il Ferro?
2. Quale figlio era il suo preferito?
3. Dove passavano il giorno le donne di casa?
4. La madre come svegliava Teresita?
5. Cosa faceva Teresita, appena sveglia?
6. Perchè Ferro voleva che Teresita lo svegliasse ogni mattina?
7. Quali domande le faceva?
8. Come rispondeva lei?
9. Da grandi, cosa fanno i tre figli?
10. Perchè il Ferro avrebbe odiato il marito di Teresita?
11. Di che cosa si lamenta il giorno dopo le nozze?
12. Perchè letica con il genero?
13. Cosa fa ogni mattina quando arriva la figlia alla porta di casa?
14. Perchè non la fa entrare subito?
15. Chi non vuole che Teresita si alzi l'ultima mattina?
16. Come reagisce il Ferro quando vede che Teresita è morta?
17. Perchè Alvaro presenta un quadro dettagliato della famiglia?
18. Le descrizioni sono "regionali" o "provinciali?" Che differenza c'è tra le due specie?
19. L'autore descrive solamente o dà un giudizio sulla società?
20. La morte di Teresita è prevedibile ancor prima della fine del racconto? Come?

*Usare in frasi:*

| | |
|---|---|
| 1. su e giù | 7. chi. . . chi |
| 2. dare un'occhiata | 8. mettersi a |
| 3. avere in uggia | 9. tutte le mattine |
| 4. lasciar fare | 10. aver sonno |
| 5. voler bene (a) | 11. per forza |
| 6. di fronte a | 12. da allora |

*Tradurre:*

1. He walked back and forth all day like an imprisoned man.
2. The youngest son resembled him the most.
3. The father waited with a secret pleasure.
4. He remained silent until she began to tap at the door.
5. He never tired of listening to her.
6. Meanwhile, he ordered the elder sons to find work.
7. Confronted with old age, an unreasonable haste overcame him.
8. Even his favorite son abandoned him because he wanted to marry.
9. He and his wife were alone in the house, but hardly ever saw each other.
10. What has become of me?
11. He suspected that she was happy and this annoyed him.
12. They were accustomed to his coarse words and paid no attention to them.
13. He pretended not to hear.
14. Then he began to shout like a terrified child.
15. I don't feel well, she added. You made me wait so long outside.

## Il giardino incantato

*Rispondere:*

1. Dove camminavano i due bambini?
2. Che giochi ci si potevano fare?
3. Perchè era bello giocare con Serenella?
4. Da dove veniva il treno?
5. Varcata la siepe, dove si ritrovarono?
6. Cosa c'era sull'alto del giardino?
7. Cosa fecero con la carriola?
8. Perchè doveva essere assai pericoloso tuffarsi nella piscina?
9. Giovannino si tuffò dal trampolino? Perchè?
10. Che cosa trovarono vicino alla piscina?
11. Dove battè la palla?
12. Chi arrivò?

13. Che cosa portarono?
14. Perchè i bambini non poterono gustare il tè?
15. Com'era il padrone della villa?
16. Com'era vestito? Perchè?
17. Che cosa stava facendo?
18. Perchè ai bambini riprese il batticuore?
19. Dove andarono?
20. Quale nuovo gioco inventarono?
21. Quali sono gli elementi fiabeschi del racconto?
22. Quali sono gli elementi realistici?
23. Che peso ha la natura nella definizione dei due bambini?
24. Quali sono le metafore preferite dell'autore?
25. Perchè è importante il contrasto tra la semplicità del dialogo e la complessità delle osservazioni sul ragazzo-padrone?
26. Gli intrusi potrebbero essere degli adulti?

*Dare i nomi che hanno la stessa radice:*

| | |
|---|---|
| 1. fischiare | 9. discutere |
| 2. passare | 10. volare |
| 3. correre | 11. piangere |
| 4. girare | 12. esplorare |
| 5. tremare | 13. impadronirsi |
| 6. indicare | 14. saltare |
| 7. gridare | 15. giocare |
| 8. scambiare | |

*Completare la frase con la preposizione o la congiunzione adatta:*

1. Parlava (*in a*) bassa voce.
2. Doveva scavalcare le siepi (*in order to*) scappare.
3. La piscina era ricolma d'acqua chiara (*up to*) l'orlo.
4. Scese (*from*) la carriola.
5. Si presero (*by the*) mano.
6. (*From between*) le stecche d'una persiana, videro una bella stanza.
7. Il ragazzo girava (*around*) la stanza.
8. Camminavano (*along*) la strada ferrata.
9. (*Toward the*) monte correva una siepe di ipomea.
10. Forse dovevano esser cacciati (*in*) un momento.
11. Si trovarono (*in front of*) aiole tutte ben ravviate di petunie.
12. Era (*of*) piastrelle azzurre.

*Dare la parola opposta:*

1. deserto
2. svelto
3. seguire
4. ombroso
5. avvicinarsi

6. a bassa voce
7. amarezza
8. riuscire
9. agio
10. rumore

*Completare con la forma adatta del verbo:*

1. Tutto (*essere*) zitto intorno.
2. Giovannino (*indicare*) il buco nero della galleria che (*apparire*) ora limpido ora sfocato.
3. I due bambini (*raggiungere*) i margini della piscina.
4. Il ragazzo pallido (*essere*) seduto su una sedia a sdraio.
5. Serenella (*scendere*) dalla carriola e vi (*deporre*) il mazzolino.
6. Il ragazzo (*avere*) mani sottili e bianche.
7. Ora, ai due bambini (*spegnersi*) a poco a poco il batticuore.
8. Giovannino e Serenella (*rifare*) la strada di passo svelto, ma senza mai correre.
9. Lui (*rimanere*) un po' a naso in su a guardare.
10. Serenella non (*muoversi*) dal binario.
11. Non restava che (*sedersi*) e (*servirsi*).
12. (*Stare*) per venire un treno,—disse Giovannino.
13. Giovannino (*dare*) subito un colpo di rachetta alla palla.
14. Serenella (*essere*) svelta dall'altra parte a rimandargliela.
15. C'era di buono che Serenella non (*piangere*) mai.

## Il gabbiano

*Rispondere:*

1. Perchè il narratore teme l'alba?
2. Cosa vuole che facciano i suoi amici?
3. Dove scrive la lettera? Dove la imposterà? Quando arriverà?
4. Come mai il distributore di benzina è rimasto acceso?

5. Cosa succede ad un uomo normale quando fa un salto?
6. Il narratore come scoprì che poteva volare?
7. Perchè non poteva mostrare questa facoltà miracolosa?
8. Dove vede una luce accesa?
9. Com'è la stanza dello sconosciuto?
10. Cosa sta facendo il vecchio?
11. Lo descriva.
12. Perchè il narratore dice che dev'essere un filosofo?
13. Come mai il narratore non grida per svegliare la gente?
14. Cosa dice al filosofo?
15. Il filosofo è sorpreso? Come risponde?
16. Si fermano a chiacchierare?
17. Perchè la gente non avrebbe creduto al filosofo?
18. Che cosa sta facendo adesso il narratore?
19. Come si chiama questo genere di racconto?
20. Che effetto ha la narrazione in prima persona?
21. Perchè il vecchio è un filosofo e non uno scienziato?
22. Questo racconto avrebbe potuto essere concepito durante il Rinascimento?
23. In che consiste l'ironia del racconto?

*Usare in frasi:*

1. far presto
2. allo stesso modo
3. può darsi
4. senz'altro
5. grazie a
6. del resto
7. ora... ora
8. presso
9. dare appuntamento
10. guardare in giro

*Completare:*

1. (*In that instant*) tornerò un uomo come (*all of you*).
2. (*And who knows*), forse troverete la piazza piena di gente.
3. Vide che (*in spite of the*) notte ancor fredda, i vetri della finestra (*were wide open*) sul balconcino.
4. Mi attaccai alla ringhiera come (*the swimmer*) si attacca (*to the edge of a boat*).
5. Il vecchio (*had his back turned to me*).
6. Quel fatto (*was enough*) a colmarmi di gioia.
7. (*Even*) i gabbiani sono mortali.
8. Dissi (*in a loud voice*) queste precise parole.

9. (*He stared at me*) con due occhietti vivissimi e scintillanti.
10. Il filosofo è (*the only one*) che mi abbia visto.

## Un grido nella notte

*Rispondere:*

1. Perchè i tre vecchioni si assomigliavano?
2. Dove passavano quasi tutto il loro tempo?
3. Quando l'autore ascoltava le storie dei vecchi?
4. Perchè le storie le piacevano?
5. Per chi raccontavano i vecchi?
6. Com'era Franzisca?
7. Perchè non aveva paura di nulla?
8. Dove andava la coppia?
9. Perchè il marito fece tardi la notte della disgrazia?
10. Cosa faceva Franzisca mentre l'aspettava? Perchè?
11. Di che cosa morì Anghelu Pinna?
12. Che cosa erano i cinghialetti a due zampe?
13. Dove andò Franzisca la notte della festa a San Cosimo?
14. Cosa successe mentre ella pregava?
15. Perchè il morto non poteva seguirla fuori della chiesa?
16. Chi aveva fatto il grido? Perchè?

*Completare:*

1. She was scarcely fifteen years old.
   Aveva quindici anni _____.

2. From the time she was a child she was accustomed to go alone.
   _____ era abituata ad andar sola.

3. And yet, she did not move.
   Eppure, ella _____.

4. An unfortunate coincidence willed that the crime happen the same night.
   _____ ha voluto che nella stessa notte accadesse il delitto.

5. Only then did she tell me that she had entered the church to pray.
   _____ che era entrata nella chiesa per pregare.

6. When I am dead, remember to have three masses said.
_____ ricordati di far celebrare tre messe.

7. I saw a circle of persons dancing, holding each other by the hand.
Vidi un cerchio di persone che ballavano _____.

8. I knew some of the bandits by sight.
Di questi banditi qualcuno io lo conoscevo _____.

9. At that moment Franzisca said nothing to me.
_____ Franzisca non mi disse nulla.

10. He chased me to the door and tried to grab me again.
Mi rincorse fino alla porta e _____ ancora.

*Usare in frasi:*

1. tutti e tre (quattro,
   cinque, ecc.)
2. tale e quale
3. in mezzo a
4. aver paura (di)
5. all'aperto
6. in un attimo
7. a un tratto
8. all'improvviso
9. metter piede
10. di tanto in tanto

*Coniugare al passato remoto:*

1. dare
2. stare
3. fare
4. ridere
5. sporgersi
6. sbattere
7. essere
8. apparire
9. vivere
10. appoggiarsi
11. piacere
12. sentire
13. recarsi
14. dire
15. correre
16. uccidere

## Si parva licet

*Rispondere:*

1. Dove vivono Adamo ed Eva?
2. Dove abitano?

3. Cosa sta facendo Adamo con i ciottoli?
4. Perchè dice a Eva che lei non sa quel che voglia dire esser solo?
5. Secondo Adamo, perchè Eva non ha bisogno di passare tanto tempo a farsi bella?
6. Cosa vuol dire Adamo quando dice che i beneficî del Signore sono a doppio taglio?
7. Adamo quando parla dell'altra Eva?
8. Dove va Eva tutti i giorni? Perchè?
9. Com'è l'Angelo?
10. Cosa vuole Adamo che faccia l'Angelo?
11. Come spiega Adamo il fatto che non debbano toccare le mele?
12. Perchè Eva crede che il Signore s'immischi troppo nei loro affari?
13. Cos'è un ficcanaso?
14. Chi è stato visto saltar fuori dal Paradiso?
15. Cambia il tempo? Come?
16. Perchè il serpente che parla non fa ribrezzo a Eva?
17. Di che cose parla a Eva?
18. Chi è più debole, Adamo o Eva?
19. Conosce altri scrittori che usino personaggi biblici?
20. Perchè Pavese sceglie la forma del dialogo?
21. Qual'è il ruolo del mito nel racconto?
22. Chi è più colpevole, Adamo o Eva?
23. Come si deve interpretare il racconto nel contesto dell'esperienza contemporanea?

*Dare i sinonimi dei seguenti:*

1. lagnarsi
2. stupido
3. il volto
4. chiedere
5. voler bene

6. intendere
7. accadere
8. addentare
9. il pomo
10. spassarsela

*Dare la preposizione adatta per completare le seguenti frasi:*

1. Esce... grotta.
2. Hai un modo... provarlo.
3. ... pugno stringeva la mela.
4. I suoi beneficî sono... doppio taglio.
5. Chiedi qualcosa... Signore?
6. Che bisogno hai... dirlo?

7. Si china... raccogliere una manciata... ciottoli.
8. Perchè dirmi che vai... pescare?
9. ... sinistra piomba di corsa Eva.
10. Non lo sai... te?
11. Ce n'è di tutte le qualità, che salgono e scendono... i tronchi.
12. ... tempo era segnalato la sua presenza.
13. Gli corre... le braccia.
14. Lui stesso ci sta... spiare.
15. Sai bene che l'Angelo ha tutt'altro... pensare.

### Tradurre:

1. He threw the stones carefully one at a time against the trunk of a palm tree.
2. One can't say a word to you without your losing your temper.
3. I'm not praying; I'm talking to myself.
4. Nonsense! If there were another Eve, she wouldn't be you.
5. You are always complaining and now you blame it on God.
6. It is convenient for him to create us for his glory and then leave us in a mess.
7. She is probably in the forest; I haven't seen her since this morning.
8. Don't forget, Adam, that you have a certain authority over your companion.
9. The serpents are there because God doesn't trust us.
10. As far as I am concerned, it could always be night.
11. We have rights, too, and are certainly worth more than a game of stones.
12. If you really love me, Adam, there is a way to prove it.

## Banca dell'amore

### Rispondere:

1. Che mestiere facevano Giustino e Alessandro?
2. Perchè Giustino voleva fare una scampagnata?
3. In quanti erano nella macchina?
4. Dove lavoravano Iole e Osvaldo?
5. Che tipo di macchina aveva comprato Giustino?
6. Cosa voleva combinare Flora?

7. In che stagione erano? Com'era il tempo?
8. Osvaldo come divertiva la comitiva?
9. Che successe quando si fermarono alla pompa di benzina?
10. Perchè Flora voleva che Giustino offrisse la colazione a tutti?
11. Come doveva essere la moglie di Giustino secondo Iole?
12. Cosa vuol dire "fare alla romana?"
13. Che ordinò Giustino alla trattoria? Perchè cambiò idea?
14. Cosa mangiarono tutti? Cosa bevvero?
15. Perchè il cameriere non accettò il biglietto da diecimila di Osvaldo?
16. Chi pagò alla fine?
17. Come tornarono a Roma?
18. Dove sarà Giustino?
19. L'*io* di questo racconto assomiglia all'*io* del *Gabbiano*?
20. In che cosa differisce l'uso del dialetto in Moravia e nella Deledda?
21. Perchè ci sono tante espressioni idiomatiche?
22. È più importante l'intreccio o l'ambiente del racconto?
23. Il lettore può compatire Giustino?
24. Il narratore è un personaggio come gli altri?
25. Quali sono gli avari classici della letteratura europea? Perchè l'avarizia è un tema interessante per uno scrittore, in tutti i tempi?

### Usare le seguenti espressioni in frasi:

1. montare alla testa
2. ci vuole; ci vogliono
3. piovere a dirotto
4. serio serio
5. dare del tu (del Lei)
6. a buon mercato
7. di nuovo
8. prendersela
9. fare una gita
10. tutti quanti
11. rimanere a bocca aperta
12. fare i conti
13. un'idea fissa
14. dare dell'avaro
15. fare chiasso
16. togliersi una spina dal piede
17. in lungo e in largo
18. pieno zeppo
19. secco come un chiodo
20. sentirsi bene (male)

### Volgere al condizionale e al futuro:

1. Lei si ostina a considerarlo il suo fidanzato.
2. Ce ne sono pochi.

3. Possiamo incontrarci al mio bar.
4. Lo faccio volentieri.
5. Appena possono tentano l'intrigo.
6. Gli vuole bene.
7. Non deve più considerarsi avaro.
8. Pigliamo la strada intorno il lago.
9. È tempo di andare.
10. Tra tutti e due potete rovinarvi.

## Faustino

*Rispondere:*

1. Che cosa pensarono i genitori quando Faustino compì i sedici anni?
2. Com'erano i rapporti tra Faustino e la famiglia?
3. Di che cosa era preoccupato suo padre? e sua madre?
4. Come passava molto tempo la sorella?
5. Con chi abitava Ruggero? Perchè?
6. Gli altri ragazzi a chi paragonavano Faustino e Ruggero?
7. Come si assomigliavano i due amici?
8. In che cosa differivano?
9. Dove mangiava Ruggero? Perchè?
10. Che tipo di esercizio era necessario a Ruggero?
11. Che progetti aveva per il futuro? E Faustino?
12. Dòve studiavano i due ragazzi?
13. Dove presero la barca? Perchè Faustino non remò?
14. Che cosa fece Ruggero?
15. Che successe? Perchè Faustino non lo aiutò?
16. Chi arrivò?
17. Come si spiegò la catastrofe?
18. Perchè Faustino andò a casa di Ruggero?
19. Che cosa vedevano ogni giorno i visitatori delle Porte Sante?
20. Perchè Faustino voleva evitare il Lungarno?
21. Che cosa fece quando attraversò il ponte?
22. Dove finirono gli ultimi fiori che Faustino aveva portato?
23. Da quali tratti stilistici si nota che la Negri e Cicognani sono della stessa generazione?

24. Come avrebbe trattato gli stessi sentimenti un autore contemporaneo americano?
25. Qual'è il tono dominante del racconto?

### Usare in frasi:

1. occuparsi di
2. sbrigarsela
3. i miei, i tuoi, i suoi, ecc. (family)
4. a un tratto
5. vestire di grigio, di verde, ecc.
6. al principio
7. di lusso
8. avviarsi
9. dal canto suo, mio, ecc.
10. rendersi conto (di)
11. a galla
12. a forza di
13. avvicinarsi
14. buttar via
15. cammin (strada) facendo

### Tradurre:

1. In that moment he saw his family as he had never before seen them.
2. His father was fixed in one preoccupation, his own health.
3. Thus, in the most critical moment, Faustino had found himself worse off than among strangers.
4. I have never been able to put up with romantics, said his mother.
5. His classmates were amazed that he had struck up a friendship so quickly.
6. Ruggero had loved his mother; then when she had died, he had remained alone.
7. He even had a gas stove in his room and often ate alone.
8. In Faustino's eyes, Ruggero had a strength which he lacked.
9. Ruggero, on the other hand, sensed a superiority in Faustino.
10. However, he could not do without physical exercise; it was like bread to him.
11. Walking together, they made their plans for the future.
12. Ruggero got the idea to take out the boat.
13. He dived into the water and went down to the bottom.
14. The man succeeded in pulling his body out of the water and placing it in the boat.
15. Faustino's family found out the next morning what had happened.
16. Scarcely outside, he headed toward Ruggero's house.
17. His heart and his eyes were dry, and there was no longer anyone to give him strength.

18. When he had to cross the bridge, he closed his eyes and stayed as close to the center as possible.

## Giulietta e Romeo

*Rispondere:*

1. Perchè il cielo non ha importanza nella maggior parte dei quadri?
2. Che cos'è il Lido?
3. Cos'è il cielo per il pittore, De Pisis?
4. Perchè non c'è molta gente nell'acqua?
5. Che fanno le tre signore?
6. Perchè l'autore parla di Goldoni?
7. In che modo le signore sono diverse dall'altra gente sulla spiaggia?
8. Descriva le tre donne.
9. Di che cosa si lagnano?
10. Che dialetto parlano?
11. Perchè c'è un fortino sulla spiaggia?
12. Chi prende il sole vicino al fortino?
13. Cosa fa il bagnino?
14. Qual'è il suo mestiere finita la stagione dei bagni?
15. Perchè le tre signore lo chiamano?
16. Dove vanno i due giovani?
17. Chi è l'altra persona che osserva la scena?
18. A che personaggi mitologici assomigliano le tre signore?
19. Perchè l'autore chiama i due giovani Giulietta e Romeo?
20. Che significa il nome del bar?
21. Che rapporto c'è tra la pittura e questo racconto?
22. Come mai Palazzeschi si serve di tanti aggettivi per descrivere la tranquillità?
23. Che ruolo assume il narratore nel corso del racconto? e alla fine?
24. Perchè le tre donne sono personaggi così imponenti?
25. L'autore come stabilisce il ritmo della scena descritta?

*Dare il verbo che ha la stessa radice dei seguenti aggettivi e nomi:*

1. contemplazione            3. espressione
2. preoccupazione            4. sbalorditiva

5. minaccioso
6. drammatico
7. smarrimento
8. apparenza
9. conversazione
10. giudizio

11. riposo
12. annunciazione
13. condanna
14. pescatore
15. impressionante

*Usare le seguenti parole ed espressioni in frasi:*

1. cascare dalle nuvole
2. la faccenda; le faccende
3. farsi vedere
4. un momento di tregua

5. aver voglia (di)
6. di rado
7. la metà; la meta
8. di malavoglia
9. andarsene
10. dare fastidio

*Dare i sinonimi delle seguenti parole:*

1. medesimo
2. ogni poco
3. felicità
4. superstiti
5. la quiete

6. consumare
7. frugale
8. solitario
9. nemmeno
10. non di rado

*Dare la forma opposta delle seguenti parole:*

1. inquietudine
2. seduto
3. lentezza
4. sv(u)otare
5. accorgersi

6. alzarsi
7. dolcissimo
8. felicità
9. eccezionale
10. angioli

*Formare il superlativo relativo e assoluto dei seguenti aggettivi:*

1. gioioso
2. dolce
3. imperioso
4. severa
5. felice

6. bianco
7. spiritosa
8. nobile
9. grande
10. nuova

# Peccato confessato

*Rispondere:*

1. Con chi parlava don Camillo nei momenti di dubbio?
2. A quale partito politico apparteneva Peppone?
3. Cosa aveva con sè don Camillo quando tornò in canonica?
4. Come ci tornava?
5. Perchè don Camillo disse al Cristo che non si poteva ragionare con Lui?
6. Da quanto tempo Peppone non si confessava?
7. Cosa rispose il Cristo quando don Camillo disse di voler pestare Peppone?
8. Perchè don Camillo aveva voluto citare dei passi del Vecchio Testamento?
9. Quali dettagli fisici caratterizzano i personaggi di don Camillo e di Peppone?
10. È molto diversa la lingua di don Camillo da quella di Gesù? Perchè?
11. In che senso questo racconto è tipicamente italiano?
12. Qual'è la fonte dell'umorismo della situazione?

*Usare le seguenti espressioni in frasi:*

1. senza batter ciglio
2. tener presente
3. vuotare il sacco
4. neanche per sogno
5. a bocca aperta
6. detto fra noi
7. raccomandarsi
8. tra il lusco e il brusco
9. stare zitto
10. figurarsi

*Dare l'infinito e tradurre:*

1. era successo
2. erano immischiati
3. scorgendo
4. interrotto
5. si era espresso
6. inghiottito
7. messo
8. aveva obiettato

9. aveva sussurrato
10. aveva concluso
11. vide
12. si compiacque

13. figurati
14. offeso
15. si volse

*Tradurre:*

1. I have been waiting for it for ten minutes.
2. The time of the elections having come, don Camillo expressed himself clearly.
3. It was a moment of weakness.
4. He had not said anything to anyone.
5. What does that mean?
6. We, too, returned to the rectory.
7. Hands are for blessing.
8. As far as the rest is concerned, I will assume all the responsibility.
9. I didn't want to offend you.
10. Peppone knelt at the altar.

## Scuola serale

*Rispondere:*

1. Chi è la signora Cristina?
2. Perchè il consiglio comunale va da lei di notte?
3. Cosa ricorda la signora Cristina del padre di Spiccio?
4. Chi sono Spilletti e il cavalier Bignini?
5. Di che cosa hanno bisogno gli uomini di Peppone?
6. Perchè la signora Cristina non vuole che Peppone rimanga in casa sua?
7. Che fa Peppone per ingannare don Camillo?
8. Come cambia don Camillo il discorso di Peppone? Perchè?
9. Perchè non ha bisigno di sbriciolare il secondo sigaro?
10. Che cosa potrebbe rappresentare il Cristo in questi racconti?
11. Che cosa indicano questi racconti a proposito del rapporto tra la politica italiana e la chiesa?
12. Perchè Guareschi usa uno stile "rustico?"

*Usare i seguenti verbi in frasi e tradurre:*

| | |
|---|---|
| 1. osare | 11. togliere |
| 2. accorgersi | 12. apparire |
| 3. spiegare | 13. filtrare |
| 4. aggiungere | 14. brandire |
| 5. inchinarsi | 15. chiacchierare |
| 6. diventare | 16. contare |
| 7. scuotere | 17. vincere |
| 8. rimettere | 18. abbassare |
| 9. riuscire | 19. possedere |
| 10. succedere | 20. accettare |

*Dare il contrario:*

| | |
|---|---|
| 1. piacere | 7. affollato |
| 2. dire ad alta voce | 8. al buio |
| 3. vincere | 9. proibire |
| 4. alzarsi | 10. abbassare |
| 5. rifiutare | 11. enorme |
| 6. ricordare | 12. dietro a |

*Tradurre:*

1. He didn't dare put the cigar in his pocket.
2. The fact is that *we* have won.
3. We know what we want, but we don't know how to do it.
4. He put the pencil back on the table and took the sheet of paper.
5. I don't understand why I have to read it again.
6. She put the lantern back down and raised a bony finger.
7. In any case, I am not doing it to criticize your actions.
8. Look what I am doing to the only cigar I have!
9. Now show me what you are doing with the speech.
10. Lucky you, who have studied so many languages.

## Sette piani

*Rispondere:*

1. Come andò Corte dalla stazione all'ospedale?
2. Perchè era stato consigliato di rivolgersi a quel sanatorio?
3. Come lo riconobbe quando lo vide per la prima volta?
4. Dove lo misero dopo la visita medica?
5. Com'era diviso l'ospedale?
6. Quali vantaggi risultavano di quel sistema?
7. Per chi era riservato il primo piano?
8. Qual'era il favore che chiedeva il capo-infermiere del settimo piano?
9. Quando sentì l'espressione "il processo distruttivo delle cellule" per la prima volta?
10. Cosa pensò Corte quando seppe del mutamento nella suddivisione dei malati?
11. Qual'era la sua unica consolazione trovandosi al quinto piano?
12. Perchè non poteva rimanere al quinto piano?
13. Quale professione aveva esercitato prima d'entrare nell'ospedale?
14. Quando si accorse che i medici dei piani superiori l'avevano ingannato?
15. Erano riusciti i raggi digamma ad eliminare l'eczema?
16. Che cosa suggerì il medico del quarto piano? Perchè?
17. Come mai regnava tanta gaiezza al terzo piano?
18. Chi era il professor Dati?
19. Fino a che piano arrivava veramente la sua influenza?
20. Durante i quindici giorni di vacanze del personale dove sarebbero stati trasferiti i malati del terzo piano?
21. Perchè i medici non si opposero al cartello sulla porta della nuova stanza di Corte?
22. Per quanto tempo Corte rimase al secondo piano?
23. Com'era il secondo piano?
24. Perchè si fece porgere gli occhiali?
25. Come mai la stanza si faceva improvvisamente buia?
26. Buzzati dove stabilisce l'atmosfera della paura? Come ci riesce?
27. Che cosa simboleggia il trasloco continuo del protagonista di piano in piano?
28. A quali possibili domande del lettore, l'autore non dà mai risposta? Perchè?

29. Come entra il motivo del presentimento nella struttura del racconto?
30. Quali sono gli elementi essenziali dello stile di *Sette piani?*


*Completare:*

1. It was a question of waiting fifteen days.
   _____ di aspettare quindici giorni.

2. The initial surprise having passed, Corte went into a rage.
   _____ la prima sorpresa, il Corte andò in furore.

3. The ability of the doctors kept on increasing as one descended.
   L'abilità dei dottori andava crescendo _____ si scendeva.

4. I would be tempted to define it "obstinate."
   _____ definirlo «ostinato».

5. He noticed that at a window to the side of his, a man was leaning out.
   Si accorse che a una finestra _____, _____ un uomo.

6. It is not a serious case, but there is little to be cheerful about.
   Non è un caso grave ma _____ allegri.

7. He stared at the lowered blinds of the first floor.
   _____ le persiane abbassate del primo piano.

8. The third room was lacking.
   _____ la terza camera.

9. In spite of that, it seemed that his condition remained unchanged.
   _____ le sue condizioni pareva rimanessero stazionarie.

10. What jokes are these?
    _____ sono questi?

11. I confess that this doesn't please me at all.
    Confesso che questo _____.

12. The doctors of the other floors had tricked him.
    I medici degli altri piani _____.

13. Don't make me say that.
    _____ quello.

14. In my opinion, you can be treated more efficiently here.
    _____, lei può essere curato più efficacemente qui.

15. I would have myself put on one of the lower floors.
    _____ a uno dei piani più bassi.

16. In a few days we are going on vacation.

    _____ andiamo in vacanza.

17. The reason why? Perhaps the rays are not intense enough.

    _____? _____ che i raggi non siano abbastanza intensi.

18. What ugly words! Wherever did you learn them?

    Che brutte parole! _____.

19. I have only given you a brief examination.

    Non le ho fatto che _____.

20. He had to wait fifteen days, not one more nor one less.

    Doveva aspettare quindici giorni _____.


*Dare i sinonimi:*

| | |
|---|---|
| 1. casa di cura | 7. il settore |
| 2. una visita medica | 8. fiatare |
| 3. il malato | 9. l'inizio |
| 4. sparire | 10. un mutamento |
| 5. trasferimento | 11. tranquillizzare |
| 6. il sanitario | 12. il timore |


*Riscrivere al condizionale e al futuro:*

1. Era stato consigliato di rivolgersi al celebre sanatorio.
2. Ne ebbe un'ottima impressione.
3. Lo riconobbe per averne già visto la fotografia.
4. Seppe così la strana caratteristica dell'ospedale.
5. Siamo entrati insieme.
6. Le mille finestre si illuminavano.
7. Corte non fece naturalmente nessuna difficoltà.
8. A quel piano venivano accolti dei veri e propri ammalati.
9. Nessuno ha detto il contrario.
10. Non voleva sentir parlare di altri traslochi in basso.
11. E non si possono avere qui i raggi digamma?
12. Lo assegnava, non al settimo, ma al quinto piano.
13. Il riposo tocca a turno ai vari piani.
14. Una cosa simile non trovava precedenti nella storia del sanatorio.
15. I suoi ordini non possono essere trasgrediti.

# APPENDIX

# General Bibliography

Apollonia, Mario. *Letteratura dei contemporanei.* La Scuola, 1956.

Bertacchini, Renato. *Figure e problemi di narrativa contemporanea.* Cappelli, 1960.

Cecchi, Emilio. *Di giorno in giorno.* Garzanti, 1959.

———— *Ritratti e profili.* Garzanti, 1957.

De Michelis, Eurialo. *Narratori al quadrato.* Nistri-Lischi, 1962.

De Robertis, Giuseppe. *Scrittori del Novecento.* Le Monnier, 1958.

Falqui, Enrico. *Tra racconti e romanzi del Novecento.* D'Anna, 1950.

Fernandez, Dominique. *Le Roman italien et la crise de la conscience moderne.* Grasset, 1958.

Flora, Francesco. *Scrittori italiani contemporanei.* Nistri-Lischi, 1952.

Galletti, Alfredo. *Storia letteraria d'Italia: Il Novecento.* Vallardi, 3rd ed., 1961.

Gargiulo, Alfredo. *Letteratura italiana del Novecento.* Le Monnier, 1958.

Grisi, Francesco. *Incontri critici: la letteratura italiana contemporanea.* Ausonia, 1964.

Guarnieri, Silvio. *Cinquant'anni di narrativa in Italia.* Parenti, 1955.

Mariani, Gaetano. *La giovane narrativa italiana tra documento e poesia.* Le Monnier, 1962.

Momigliano, Attilio. *Storia della letteratura italiana dalle origini ai nostri giorni.* Principato, 8th ed., 1960.

Pacifici, Sergio. *A Guide to Contemporary Italian Literature.* World, 1962.

Pancrazi, Pietro. *Scrittori italiani del Novecento.* Laterza, 1934.

Piccioni, Leone. *La narrativa italiana tra romanzo e racconti.* Mondadori, 1959.

———— *Sui contemporanei.* Fabbri, 1953.

Pullini, Giorgio. *Narratori italiani del Novecento.* Liviana, 1959.

133

────── *Il romanzo italiano del dopoguerra*. Schwarz, 1961.
Rimanelli, Giose (Solari, A. G.). *Il mestiere del furbo*. Sugar, 1959.
Russo, Luigi. *I narratori*. Principato, rev. ed., 1958.
Salinari, Carlo. *La questione del realismo*. Parenti, 1960.
Solmi, Sergio. *Scrittori negli anni: saggi e note sulla letteratura italiana del '900*. Il Saggiatore, 1963.
Spagnoletti, Giacinto. *Romanzieri italiani del nostro secolo*. ERI, 1962.

## Suggested Reading

Angioletti, Giovanni. *Narciso*.
Baldini, Antonio. (ed.) *Nuovi racconti italiani*.
Banti, Anna. *Campi Elisi*.
Bassani, Giorgio. *Le storie ferraresi*.
Biasion, Renzo. *Sagapò*.
Bontempelli, Massimo. *L'amante fedele*.
Cassola, Carlo. *Il taglio del bosco*.
Comisso, Giovanni. *Il gatto attraversa la strada*.
Dessì, Giuseppe. *Racconti vecchi e nuovi*.
Gadda, Carlo Emilio. *I sogni e la folgore*.
Ginsburg, Natalia. *Le piccole virtù*.
Lampedusa, Giuseppe Tomasi di. *Racconti*.
Malaparte, Curzio. *Racconti italiani*.
Marotta, Giuseppe. *L'oro di Napoli*.
Moretti, Marino. *Tutte le novelle*.
Ortese, Anna Maria. *Il mare non bagna Napoli*.
Pea, Enrico. *La figlioccia e altre donne*.
Pirandello, Luigi. *Novelle per un anno*.
Pratolini, Vasco. *Diario sentimentale*.
Rea, Domenico. *Quel che vide Cummeo*.
Santucci, Luigi. *Lo zio prete*.
Svevo, Italo. *Corto viaggio sentimentale*.
Testori, Giovanni. *I segreti di Milano*.
Vigolo, Giancarlo. *Le notti romane*.
Vittorini, Elio. *Piccola borghesia*.

# VOCABULARY

Omissions from the vocabulary include the following: cardinal numbers, ordinal numbers in **-esimo,** personal and demonstrative pronouns, and adverbs in **-mente** the meaning of which can be derived from the noun.

A dash indicates repetition of the key word. Parentheses indicate alternate spelling and usage. Stress is indicated by an italicized letter or accent when it does not fall on the penultimate syllable.

Unless otherwise indicated, nouns ending in **-o** are masculine, those in **-a** are feminine.

## Abbreviations

| | | | |
|---|---|---|---|
| *abbrev.* | abbreviation | *n.* | noun |
| *adj.* | adjective | *p.p.* | past participle |
| *adv.* | adverb | *pers.* | person |
| *colloq.* | colloquial | *pl.* | plural |
| *dial.* | dialect | *prep.* | preposition |
| *f.* | feminine | *pres. indic.* | present indicative |
| *Fr.* | French | *pret.* | preterite, past absolute |
| *gram.* | grammar | *pron.* | pronoun |
| *interj.* | interjection | *sing.* | singular |
| *m.* | masculine | *v.* | verb |

**abbagliare**  to dazzle
**abbandonare**  to abandon
**abbandono**  abandonment
**abbassare**  to lower; **abbassarsi** to descend, come down
**abbastanza**  enough, quite, well enough, sufficiently
**abbattere**  to shoot down
**abbiccì** *m.*  alphabet
**abbondante**  abundant
**abbozzare**  to sketch, outline; — **un sorriso**  to smile faintly
**abbracciare**  to embrace, hug
*a*bile  able, skillful, clever
**abilità**  ability, capability
*a*bito  suit, dress; — **da sera** evening dress
**abituale**  usual, customary, habitual
**abituarsi**  to accustom oneself, get used to
**abit*u*dine** *f.*  habit, custom
**accadere**  to happen, occur, befall; **accaduto**  event, happening
**accanto**  near, beside
**accarezzare**  to caress
**accartocciarsi**  to curl up
**accatastare**  to heap up, pile up, stack
**accavallarsi**  to overlap
**accecante**  blinding
**accelerare**  to hasten, quicken
**accelerato**  slow train
**accendere**  to light, turn on; **accendersi**  to become excited
**accennare**  to make a sign, nod, mention, refer to
**accentuare**  to stress, emphasize, accentuate
**acceso** *p. p. of* **accendere**  lit up, burning
**accettare**  to accept

**acci*a*io**  steel
**accigliato**  frowning, sullen
**acc*i*ngersi**  to set about doing something, prepare oneself
**accollato**  high-necked
**accolto** *p. p. of* **accogliere**  received, welcomed
**accomodare**  to settle, arrange; **accomodarsi**  to sit down, take a seat, make oneself at home
**accompagnare**  to accompany
**accontentare**  to satisfy, please, content
**accoramento**  grief, sorrow, heartache
**accorato**  sad, sorrowful
**accordo**  agreement; **d'**— granted, agreed; *essere* **d'**— to agree
**accorgersi**  to perceive, notice, become aware of
**accorrere**  to run, hasten, rush
**accorse** *3rd. pers. pret. of* **accorgere**
**accresciuto** *p. p. of* **accrescere**  increased, enlarged, grown
**accurato**  accurate, careful
**accusare**  to accuse, charge, acknowledge
*a*cino  grape
*a*cqua  water; — **di colonia**  eau de cologne
**acquistare**  to get, acquire, buy
**acrimonia**  acrimony, pungency
**acul*e*o**  prickle, thorn
**adagiare**  to put down with care
**ad*a*gio**  slow, slowly
**adattamento**  adaptation, adjustment
**adattarsi**  to adapt oneself
**addensarsi**  to gather, thicken, crowd
**addentare**  to bite (into)
**addio**  farewell

addirittura  quite, directly, really
addormentarsi  to go to sleep, fall
asleep
addossato  leaning
addosso  on, upon
adesso  now
adoperare  to use, employ
adorare  to adore, worship
adornare  to adorn, embellish
adriatico  Adriatic
adulto  adult
aeroplano  airplane
affacciarsi  to show oneself
affannato  breathless, panting,
worrying
affare *m.* affair, matter; affari
*m. pl.* business
affatto  (not) at all
affermare  to affirm, declare, as-
sert
afferrare  to seize, grab hold of,
catch
affetto  affection, fondness, love;
*adj.* affected
affettuoso  affectionate, tender,
fond
affezione *f.* affection, disease
affidare  to entrust, confide
affiochire  to grow dim
afflosciare  to weaken, become
flabby
affondare  to sink, submerge
affrettar(si)  to hurry; affrettato
hasty, hurried
afrore *m.* stench
agave *f.* agave
agevole  easy, facile, handy
aggettivo  adjective
aggiungere  to add; aggiunse *3rd.*
*pers. pret.*
aggrapparsi  to get hold of, cling
to; aggrappato  clinging

aggressivo  aggressive
agilità  agility, nimbleness
agitare  to agitate, shake; agitato
agitated, troubled, excited
agnello  lamb
ago  needle
agonia  agony, anguish
agricolo  agricultural
aguzzare  to sharpen, point, ex-
cite, stimulate
aiola  flower bed
aitante  vigorous, strong
aiutare  to help, aid
aiuto  help, aid
ala (*pl.* le ali)  wing
alba  dawn
alberato  planted with trees
albereta  stand, plantation of trees
albergo  hotel
albero  tree
alcuno  some, any, no, none
alga  seaweed
allacciare  to lace, tie, fasten, bind
allargare  to widen, broaden, increase, enlarge
allegria  mirth, cheerfulness, fun
allegro  cheerful, gay, merry,
happy
allevare  to rear, bring up
allodola  skylark
allontanarsi  to go away, depart,
leave
alludere  to allude, refer, hint
allungarsi  to lengthen, grow tall,
grow long
almeno  at least
alone *m.* halo
altalena  swing, seesaw
altare *m.* altar
altezza  height
alto  tall, high; in — up, high;
*n.* height

**altrettanto** as (so) much, (as) many

**altro** other, next, more

**altronde** from elsewhere; **d'—** besides, on the other hand, however

**altrove** elsewhere, somewhere else

**altrui** other people's, someone else's

**alzare** to lift, raise; **alzarsi** to rise, get up; **alzato** up, out of bed

**amaranto** amaranth

**amare** to love

**amarezza** bitterness

**amaro** bitter

**ambedue** both

**ambiente** *m.* ambience, environment, surroundings

**ambito** limits, sphere

**ambrato** amber-colored, amber-scented

**americano** American

**amichevole** friendly

**amicizia** friendship; **fare —** to make friends

**ammalarsi** to fall ill, be taken ill; **ammalato** ill

**ammattire** to go mad

**ammettere** to admit, receive

**amministrazione** *f.* administration, management

**ammirare** to admire

**ammirazione** *f.* admiration

**ammise** *3rd pers. pret. of* **ammettere**

**ammodino** gently, nicely, with care

**ammonire** to admonish, warn, exhort

**amore** *m.* love

**amoreggiare** to flirt

**ampiezza** amplitude

**ampio** wide, large, diffuse

**ampliare** to amplify, extend; **ampliarsi** to extend, become larger

**analogo** analogous, similar, parallel

**anatomico** anatomic

**andamento** movement, course

**andare** to go; **andarsene** to go away

**andito** vestibule, passage

**androne** *m.* entrance hall, lobby, corridor

**aneto** dill, anise

**angelo** angel

**angiolo** *see* **angelo**

**angolo** corner

**angusto** narrow, narrow-minded

**anima** soul

**animale** *m.* animal

**animo** mind, heart

**animosità** animosity, spite, hatred

**annebbiare** to fog, dim, obscure

**annoso** ancient, old

**annuire** to nod in assent, consent

**annunciazione** *f.* annunciation

**annusare** to sniff, smell

**ansante** panting

**ansia** anxiety

**ansioso** anxious

**ansito** panting

**antichità** antiquity

**anticipo** advance; **in —** early, in advance, ahead of time

**antico** ancient

**anzi** indeed, instead, on the contrary; **anzichè** instead of, rather than

**ape** *f.* bee

**aperto** *p. p. of* **aprire** open

**appannato** dim, veiled

**apparenza** appearance
**apparire** to appear, come into sight; **apparse, apparve** *3rd pers. pret.*
**appartarsi** to withdraw, retire, seclude oneself
**appartenenza** belonging
**appartenere** to belong, be related, appertain
**appassito** withered, faded, dried up
**appello** call, roll call, appeal
**appena** scarcely, hardly, as soon as
**appeso** hanging, suspended
**appetito** appetite
**appetitoso** appetizing, tempting, attractive
**appiccicare** to stick, attach, join
**appiccicoso** sticky, gluey
**applicazione** *f.* application
**appoggiarsi** to lean
**apprensione** *f.* concern, apprehension
**apprezzare** to appreciate, value, esteem
**approfittare** to profit, benefit, gain
**approvare** to approve
**aprile** *m.* April
**aprire** to open
**arancio** orange
**arenile** *m.* sandy shore
**argentino** silvery
**argomento** subject, topic
**arguire** to deduce, infer
**aria** air
**aristocratico** aristocratic
**aristocrazia** aristocracy
**arma** (*pl.* **le armi**) weapon
**armonia** harmony, accord
**arrabbiare** to become angry

**arrestare** to stop, arrest
**arrivederla** (**ci**) good-bye, so long
**arrossire** to blush
**arrosto** roast, roasted
**arruolare** to enlist, enroll
**arso** burnt, dried up
**artista** *m. & f.* artist
**ascella** armpit
**asciugamano** towel
**ascoltare** to listen, hear
**ascolto** listening, hearing; **in —** listening
**asino** ass, donkey
**aspettare** to wait
**aspetto** appearance, aspect, look
**aspro** sour, rude, rough
**assai** (very) much, many
**assegnare** to assign, grant, allot
**assegno** check, allowance
**assicurare** to fasten, tie, secure, assure, affirm
**assicurazione** *f.* assurance, insurance
**assieme** *see* **insieme**
**assistenza** assistance, help, presence, attendance
**assoluto** absolute
**assomigliare** to resemble
**assonnato** sleepy, drowsy
**assorto** absorbed
**assottigliare** to sharpen, thin; **assottigliarsi** to grow thin, thinner
**assumere** to assume
**assurdo** absurd, preposterous
**astruso** abstruse, hidden, obscure
**atmosfera** atmosphere
**attaccamento** attachment
**attaccare** to attach, fasten, attack; **attaccarsi** to cling, become attached
**attacco** attack, assault

**atteggiamento** attitude
**attendere** to wait, expect
**attento** attentive, careful
**attenuare** to attenuate, subdue, tone down; **attenuato** attenuated, subdued
**attenzione** *f.* attention, care
**attesa** wait, waiting; **in —** waiting
**attimo** moment, instant
**attingere** reach, attain; **— acqua dal pozzo** to draw water from the well
**atto** act, action, deed
**attorno** around, about
**attrarre** to attract, draw, allure
**attrattiva** attraction, charm
**attratto** *p. p. of* **attrarre**
**attraversare** to cross, pass through
**attraverso** across, through
**attutito** deadened
**augurare** to wish; **augurarsi** to hope, look forward to, wish
**augurio** wish; **cattivo —** bad omen; **auguri** best wishes
**aumentare** to increase, augment, enlarge
**autentico** authentic
**autocarro** truck
**autore** *m.* author
**autorità** authority
**autoritario** authoritative, dictatorial
**autunno** autumn
**avanti** forward, before; **farsi —** to get (push oneself) forward
**avanzare** to advance, put forward; **avanzarsi** to get on, advance
**avariato** damaged, spoiled, rotten
**avarizia** avarice, stinginess
**avaro** miser

**Avemaria** Hail Mary
**avidità** avidity, greed, eagerness
**avvenimento** event, occurrence
**avvenire** to occur, happen; *n. m.* future
**avventura** adventure
**avverbio** adverb
**avversario** adversary
**avvertire** to inform, warn, notice
**avviarsi** to set out; **avviato** initiated, thriving
**avvicinarsi** to near, approach
**avvocato** lawyer
**avvolto** *p. p. of* **avvolgere** wrapped
**azione** *f.* action, act
**azzurro** blue

**babbo** daddy, father
**bacchetta** stick
**baciare** to kiss
**bacino** basin
**bacio** kiss
**badare** to take care, pay attention
**baffi** *m. pl.* moustache
**bagnante** *m.* bather
**bagnato** wet
**bagnino** bathing attendant
**bagno** bath; **costume da —** *m.* bathing suit
**balaustrata** balustrade
**balbettare** to stammer, stutter
**balcone** *m.* balcony
**baldanza** self-assurance, boldness
**balenare** to flash, lighten
**ballare** to dance
**ballerino** dancing partner
**balza** flounce; cliff
**balzare** to jump, spring; **— in piedi** to jump to one's feet
**bambina** little girl
**bambino** little boy

**bambinata** childish action
**banca** bank
**banchina** platform
**banco** bank, bench
**barba** beard
**barbacane** *m.* buttress
**barbaro** barbarian
**barca** boat
**barcollare** to stagger, waver
**barcone** *m.* long boat, big boat
**barocco** baroque
**barriera** barrier, obstacle
**base** *f.* basis, base
**basso** low, short; **da —** downstairs
**bastare** to suffice, be enough; **basta!** enough!
**bastonare** to beat
**bastone** *m.* stick, club
**battaglia** battle, fight
**battere** to beat, strike, hit
**batteria** battery; **— di boccettine** collection of small bottles
**batticuore** *m.* anxiety, fear, heart-throbbing
**battito** heartbeat, beat, anxiety
**beato** blessed, happy, lucky
**beccaio** butcher
**beccarsi** to get
**becco** beak
**beffardo** scoffing, mocking
**belletto** rouge
**bellino** pretty, nice
**bello** beautiful, handsome, fine, good
**benchè** although
**bene** well; *n. m.* good, good thing
**benedire** to bless
**benedizione** *f.* blessing
**beneficio** benefit
**benestante** well-off

**benigno** benign, mild
**benone** very well, okay
**bensì** rather, but
**benzina** gasoline
**benzinaro** gas station attendant
**bere** to drink
**Berlino** Berlin
**berretto** cap, beret
**bestemmiare** to curse, swear
**bestia** beast, animal
**bestiame** *m.* cattle
**biancheggiare** to grow white, be white
**bianco** white
**biblico** biblical
**bicchiere** *m.* glass
**bicicletta** bicycle
**biglietto** bill, ticket
**bilanciare** to weigh, balance
**binario** railroad track
**biondo** blond; **— rossastro** reddish-blond
**bisaccia** knapsack
**bivio** crossroads, junction
**bizzarro** bizarre, strange, odd
**blando** bland, soft, mild
**blu** blue
**bocca** mouth; **rimanere a — aperta** to be astonished, stand gaping
**bonario** good-natured, friendly, kind
**borbottare** to mutter, mumble, grumble
**bordo** edge, border
**borsa** purse; **— di studio** scholarship
**bosco** wood, forest
**bosso** boxwood
**botta** stroke, blow
**bottega** shop
**bottiglia** bottle

**bottone** *m.*  button
**bracciata**  stroke; armful
**braccio**  arm
**brandire**  to brandish
**brano**  piece, passage
**bravo**  clever, skillful, expert, well done!
**breve**  short, brief; **in —**  in short, summing up
**briciola**  crumb
**brillare**  to shine, sparkle
**brivido**  shiver, shudder
**bronco**  bronchus
**brontolio**  grumbling, muttering
**brulicare**  to swarm
**bruno**  brown
**brusco**  sharp, harsh, rough
**brutale**  brutal
**brutto**  ugly
**buca**  mailbox
**buco**  hole
**bufera**  storm, gale
**buffone** *m.*  clown, buffoon
**buio**  dark
**bulgaro**  Bulgarian
**Burano**  *island off Venice*
**burino**  yokel (*dial.*)
**bussare**  to knock
**busta**  envelope
**busto**  bust, torso
**buttare**  to throw; **— via**  to throw away

**caccia**  hunt
**cadavere** *m.*  corpse
**cadente**  falling
**cadenzato**  rhythmical
**cadere**  to fall
**caffè**  coffee
**calare**  to lower; **la notte è calata** night has fallen
**calcio**  kick

**calcolo**  calculation
**caldo**  warm, hot
**calmare**  to calm, quiet
**calore** *m.*  heat, warmth
**calpestare**  to trample
**calpestio**  trampling
**calura**  heat
**calzare**  to put on (*shoes*)
**calzoncini** *m. pl.*  shorts
**camera**  room, bedroom
**cameratismo**  comradeship
**camice** *m.*  gown
**camminare**  to walk; **camminatrice** *f.*  walker
**cammino**  way; **— facendo**  on the way
**campanello**  bell
**campanile** *m.*  bell tower
**campo**  field, area
**cancellare**  to cancel, wipe out, obliterate
**cancello**  gate
**candela**  candle; **candelotto**  short, thick candle
**candido**  white, bright, frank
**cane** *m.*  dog
**cannonata**  great hit, success
**canonica**  rectory
**canotto**  row-boat
**canto**  singing, corner; **d'altro —** on the other hand; **dal — suo** as for him
**canuto**  white-haired
**canzonare**  to make fun of
**canzone** *f.*  song
**capace**  able
**capacità**  ability, capacity, talent
**capanna**  hut, cabin
**capello**  hair; **i capelli**  (head of) hair
**capezzale** *m.*  bolster
**capire**  to understand

capitano  captain
capitare  to happen, chance, come, arrive
capitolo  chapter
capo  head
capoccia *m.*  leader
capostazione *m.*  station master
capriccioso  capricious
capriolo  roebuck
carattere *m.*  character; disposition, temper
caratteristica  characteristic
caratterizzare  to characterize
carcerato  prisoner
carcere *m.*  prison, jail
carezzare  to caress, stroke
carità  charity; per — for pity's sake
carne *f.*  meat, flesh
caro  dear, expensive
carogna  carrion, rotter
carponi  on all fours
carriera  career
carriola  wheelbarrow
cartello  poster, sign, notice
casa  house; — di cura  nursing home; casetta  cottage, small house
cascare  to fall; — dalle nuvole to be struck with amazement
caso  case, coincidence; far — a to take into account, pay attention to
casta  caste, rank, class
catalogare  to catalogue, list
categoria  class, category
cattivo  bad
causa  cause
cauto  cautious
cavalcare  to ride
cavalleria  chivalry
cavallo  horse

cavare  to take out
caverna  cave, cavern
caviglia  ankle
cavità  cavity, hollow
cedere  cede, yield
celebre  famous
celeste  light blue
celia  jest, joke
celebrare  celebrate; — la Messa to say Mass
cellula  cell
cemento  cement
cena  supper
cenere *f.*  ash
cenno  sign, gesture, nod
censura  censorship
centro  center
cercare  to look for, seek, search, try
cerchiato  framed, ringed
cerchio  circle, ring
cero  church candle
certo  certain, sure; *adv.* certainly
cesellato  chiseled, carved
cespo  bush
chi... chi  some... others, some... some
chiacchierare  to talk, chat
chiamare  to call
chiarezza  clearness
chiaro  bright, clear
chiarore *m.*  light
chiasso  noise
chiave *f.*  key
chiedere  to ask
chiesa  church;  chiesetta  small church
chiese *3rd pers. pret. of* chiedere
chimica  chemistry; chimico  chemist
chinarsi  to stoop, bend down, bow
chiodo  nail

chiosco  kiosk; — delle latrine lavatory
chissà  who knows; goodness knows
chiudere  to close, shut
ciabattare  to shuffle along (*in slippers*)
ciambella  ring-shaped cake
ciascuno  everyone, everybody
cibo  food
cicca  cigarette butt
ciclamino  cyclamen
cicogna  stork
cielo  sky
ciglio  eyelash; senza battere — without batting an eyelash
cigolio  creaking, squeaking
cima  top; in — at the top
cinema  *abbrev. for* cinematografo movies
cinereo  ashen
cinghiale  m.  wild boar
cinta  fence, barrier, boundary
cioè  that is
ciondolato  leaning
ciononostante  in spite of this
ciottolo  stone, pebble
cipria  face powder
circa  about, nearly, approximately
circolare  f.  circular; v.  to circulate, move about; adj.  circular
circondare  to surround, enclose
circonvallazione  f.  circumvallation
citare  to cite, mention
città  city
cittadina  small town
cittadino  citizen
civile  civil
classico  classic, classical
cliente  m.  customer, client
clinico  clinical
cocente  burning

cogliere  to pick, gather
colazione  f.  lunch, breakfast
collaboratore  m.  collaborator
collaudo  test
collega  m.  colleague
collezione  f.  collection
collina  hill
collo  neck
collocare  to put, place
colloquio  conversation, talk
colmare  to overwhelm, fill
colore  m.  color
colorito  colored, vivid
colpa  fault, blame
colpevole  guilty
colpire  to hit, strike
colpo  blow; di — suddenly, unexpectedly
colse  *3rd pers. pret. of* cogliere
coltivatore  m.  farmer, cultivator
comando  order, command
combinare  to plan
come  as, like, how; — mai  how come
commentare  to comment on
commesso  p. p. of commettere; n.  salesman; commessa  saleslady, salesgirl
commiserare  to pity, commiserate
commiserazione  f.  commiseration
comm(u)oversi  to be moved, touched, affected
comodino  night table
comodità  convenience, comfort
comodo  useful, convenient, comfortable; fare — to be convenient
compagnia  company; tener — to keep company
compagno  companion
comparire  to appear; comparve *3rd pers. pret.*

**compatire** to pity
**compatto** compact, solid
**compenso** compensation, reward;
   **in —** in return
**competenza** competence
**competere** to compete, be due
**compiacenza** kindness
**compiacere** to comply, please;
   **compiacque** *3rd pers. pret.*
**compiere** to finish, accomplish
**compito** duty, task
**complessità** complexity
**complesso** complex; **in —** on the
   whole
**completare** to complete
**completo** complete, whole, entire
**complicato** complicated
**complimento** compliment
**comportarsi** to behave, act
**composto** composed, calm; *p. p.
   of* **comporre**
**comprendere** to include, com-
   prise; **compreso** *p. p.*
**comunale** communal, municipal
**comunque** however, no matter
   how
**concedere** to grant, concede
**concentrare** to concentrate
**concepire** to conceive
**concetto** concept, idea
**conchiglia** shell
**conciliante** conciliatory
**concludere** to finish, settle, conclude; **concluso** *p. p.; ***concluse**
   *3rd pers. pret.*
**concorde** concordant, agreeing
**concorso** competition
**condanna** condemnation
**condannato** condemned
**condizione** *f.* condition
**condizionale** *m. gram.* conditional
   mood

**condurre** to lead, guide
**conferire** to confer, bestow
**conferma** confirmation
**confermare** to confirm
**confessionale** *m.* confessional
**confessione** *f.* confession
**confidenza** confidence, trust; **dare**
   **—** to treat familiarly, with
   confidence
**confinare** to confine
**confondere** to confuse, perplex,
   mix; **confondersi** to mingle,
   get mixed up
**confortevole** comfortable
**confusione** *f.* confusion
**congegno** device, mechanism
**congiunzione** *f.* conjunction
**coniglio** rabbit
**coniugare** to conjugate
**conoscenza** acquaintance, knowl-
   edge; **fare la — di** to meet,
   make the acquaintance of
**consentire** to consent, assent
**considerare** to consider
**considerevole** considerable, large
**consigliare** to advise, recommend;
   **consigliarsi** to ask advice, consult
**consiglio** advice
**consistenza** consistency
**consistere** to consist
**consolare** to console, comfort
**consolazione** *f.* consolation, solace
**consorzio** society
**constatare** to notice, ascertain,
   observe
**consueto** usual, customary, habitual
**consuetudine** *f.* custom, habit
**consultare** to consult
**consumare** to consume, eat up,
   use up

contadino   peasant
contado   countryside
contare   to count
contatto   contact
contemplativo   contemplative
contemplazione *f.*   contemplation
contemporaneo   contemporary
contenere   to contain
contentezza   pleasure, content-
   ment, satisfaction
contento   content, pleased, happy
contesto   context
continuare   to continue
conto   bill, account; fare — di
   to imagine; fare i conti   to
   settle up
contorto   contorted, twisted
contrariato   vexed, annoyed, sorry
contrarietà   opposition, misfortune, difficulty
contrario   contrary, opposite
contrastare   to contrast
contrasto   contrast
contribuire   to contribute
contro   against
convegno   meeting
convenire   to agree, admit
convergente   convergent
conversazione *f.*   conversation
convincere   to convince, persuade
convincimento   conviction
convinto   convinced, persuaded
convinzione *f.*   conviction, firm
   belief
convoglio   train
convolvolo   morning glory, bind-
   weed
coperta   cover, blanket
coperto   covered
coppia *f.*   couple, pair
coprire   to cover

coraggio   courage; farsi —   to take
   courage
corbezzolo   arbutus
cordiale   cordial, hearty, warm
cordialità   cordiality, warmheart-
   edness
coricarsi   to go to bed, lie down
corpo   body
correggere   to correct
corrente   running; *n. f.*   current,
   stream
correre   to run
corresse   *3rd pers. pret. of* correggere
corriera   bus
corrispondente   corresponding
corsa   run; di —   in haste
corso   course; capitano di lungo —
   master mariner
corteccia   bark
cortese   polite, courteous
cortesia   politeness, kindness
cortile *m.*   courtyard
corto   short
corvo   crow
cosa   thing
costellato   studded
così   so, as, like this (that)
costretto *p. p. of* costringere
costringere   to compel, force, oblige
costume *m.*   custom, habit, costume
cravatta   tie
creare   to create
creazione *f.*   creation
crebbe *3rd pers. pret. of* crescere
credere   to believe
crepare   to die (croak)
crepuscolo   twilight
crescente   growing
crescere   to grow

**cretino** idiot
**crispigno** salad green
**cristiano** Christian
**criticare** to criticize
**critico** critical
**croccante** *m.* almond sweetmeat
**croce** *f.* cross
**crocifisso** crucifix
**crollare** to collapse, fall down
**cronico** chronic
**crudele** cruel
**crudeltà** cruelty
**cruscotto** dashboard
**cucina** kitchen, cooking
**cucire** to sew
**cuffia** cap
**cumulo** heap, pile; *pl.* **cumuli**
     cumulus clouds
**cunetta** gutter, ditch
**cuore** *m.* heart; **di —** heartily
**cupo** dark, dim, gloomy
**cura** cure, care
**curare** to cure, treat, take care of;
     **curarsi** to care, mind
**curiosità** curiosity
**curvare** to bend, curve
**curvo** curved, bent, crooked
**cuscino** cushion, pillow
**custode** *m. & f.* custodian, keeper
**custodia** custody, guardianship
**cutaneo** skin, cutaneous

**da** from, by, since, at, to some-
     one's house
**danza** dance
**dare** to give; **— peso** to attach
     importance, give weight
**davanti** *m.* front; *prep.* before,
     in front
**davanzale** *m.* windowsill

**davvero** really, indeed
**debole** weak
**debolezza** weakness
**decidere** to decide; **decidersi** to
     make up one's mind
**decina** ten, about ten
**decise** *3rd pers. pret. of* **decidere**
**decisione** *f.* decision
**deciso** decided, resolute, firm; *p.*
     *p. of* **decidere**
**decoro** decorum, propriety
**deferenza** deference, respect
**definire** to define
**definizione** *f.* definition
**deformato** deformed, distorted
**delicatezza** delicacy
**delicato** delicate, weak
**delirare** to rave, be delirious
**delitto** crime
**deluso** disappointed
**delusione** *f.* disappointment
**demonio** devil, demon
**dente** *m.* tooth
**dentro** in, inside, within
**deperire** to waste away
**depose** *3rd pers. pret. of* **deporre**
**deprimere** to depress
**derivare** to result, ensue, derive
**descrivere** to describe
**descrizione** *f.* description
**deserto** deserted
**desiderio** wish, desire
**desolato** desolate, sorry
**destinare** to destine, assign
**destino** destiny, fate
**destra** right, right hand; **a —** to
     the right
**destramente** skillfully, adroitly
**destro** right, clever, alert
**dettagliare** to detail

**dettaglio** detail
**deviare** to deviate
**diabolico** diabolic, fiendish
**diagnosi** *f.* diagnosis
**dialetto** dialect
**dialogo** dialogue
**diamine** *interj.* the devil!; **che —** what the devil!
**diavolo** devil
**dichiarare** to declare, state
**diciottenne** eighteen-year-old
**difatti** in fact, as a matter of fact
**difetto** defect, fault, imperfection
**differire** to differ, be different
**difficile** difficult
**difficoltà** difficulty
**diffondere** to spread, diffuse; **diffuse** *3rd pers. pret.*
**digerire** to digest
**dignità** dignity
**dilettante** *m.* dilettante, amateur
**diletto** delight, pleasure
**dimagrire** to lose weight, become thin
**dimensione** *f.* dimension
**dimenticare** to forget
**dimostrare** to show, look, demonstrate
**dinamico** dynamic
**dinanzi** before, in front of, opposite
**Dio** God
**dipendente** *m.* subordinate
**dipingere** to paint, portray; *p. p.* **dipinto**
**dire** to say, tell; **a — vero** to tell the truth; **— di sè** to speak of oneself
**direttiva** direction, instruction
**direttivo** directive, leading
**diretto** direct

**direttore** *m.* director, manager
**direzione** *f.* direction, course, management
**dirigere** to direct, aim, point
**diritto** right, claim
**dirittura** uprightness, honesty
**disagio** discomfort, uneasiness; **a —** uneasy, ill at ease
**disamorato** indifferent
**discendere** to descend, go down
**discesa** descent; **in —** downhill
**disco** disc signal
**discorrere** to talk, discourse
**discorso** speech, address, conversation
**discreto** discreet, reasonable
**discutere** to discuss, dispute
**disegno** drawing, plan, design
**disgraziato** unfortunate, unlucky
**disinvoltura** ease, unconstraint
**dispense** *f. pl.* duplicated lecture notes
**dispensare** to distribute; dispense (with)
**disperare** to despair
**disperato** desperate
**disperdere** to disperse, scatter
**dispetto** spite, vexation; **a — di** in spite of
**dispiacere** to be sorry, regret, displease
**dispone** *3rd pers. pres. of* **disporre**
**disporre** to arrange, set out; **— di** to have at one's disposal
**disposizione** *f.* arrangement, disposition, instruction
**disprezzo** contempt, scorn
**distaccare** to detach, separate
**distendere** to stretch out, spread; **disteso** *p. p.*
**distesa** extent

**distinguere**  to distinguish, perceive

**distogliere**  to dissuade, divert

**distrarsi**  to amuse oneself, divert one's mind

**distrazione** *f.*  diversion, distraction

**distribuire**  to distribute

**distributore** *m.*  distributor; — **di benzina**  gasoline pump

**distruggere**  to destroy; **distrusse** *3rd pers. pret.*

**distruttivo**  destructive

**disturbare**  to disturb, trouble

**disturbo**  trouble, annoyance, inconvenience

**dito** (*pl.* **le dita**)  finger

**divagare**  to wander, digress, stray

**divenire**  to become

**diventare**  to become

**diverso**  different

**dividere**  to divide

**divieto**  prohibition

**divincolarsi**  to wriggle, twist free

**dizionario**  dictionary

**dogmatico**  dogmatic

**dolce**  sweet, pleasant, gentle; **dolci** *m. pl.*  sweets

**dolcezza**  sweetness, gentleness, kindness

**dolciumi** *m. pl.*  sweets, candy

**dolore** *m.*  pain, ache

**doloroso**  painful, sorrowful

**domanda**  question

**domandare**  to ask, demand

**domattina**  tomorrow morning

**dominante**  dominant, outstanding

**dominare**  to dominate, control, rule

**donare**  to give, present, donate

**dondolare**  to swing, sway

**donna**  woman; **donnicciuola** (silly) woman, little woman

**dopodomani**  the day after tomorrow

**dorato**  gilded, golden

**dormire**  to sleep

**dottoressa**  female doctor, woman with a university degree

**dovere** *m.*  duty; *v.*  to have to, be obliged

**dozzinante** *m.*  boarder

**drammatico**  dramatic

**drappo**  cloth, drape

**dritto**  right, straight; **a — e rovescio**  backward and forward; suitable and unsuitable

**dubbio**  doubt

**dubitare**  to doubt

**dunque**  therefore, then, well then, now

**duplicare**  to duplicate, double

**durezza**  hardness, toughness, severity

**duro**  hard, tough, difficult

**eccezionale**  exceptional, unusual

**eccezione** *f.*  exception

**ecco**  here, there

**echeggiare**  to echo, resound

**eczema** *m.*  eczema

**edificio**  building, structure

**educato**  well-bred, polite, educated

**effettivo**  actual, real

**effetto**  effect, result, consequence

**efficace**  effective

**egoismo**  egoism, selfishness

**elegante**  elegant, smart, fashionable

**elemento**  element

**elettrico**  electric

**elezione** *f.* election, choice
**eliminare** to eliminate, get rid of
**eloquente** eloquent
**emorragia** hemorrhage
**energia** energy, vigor
**energico** energetic, active
**enorme** huge, enormous
**entrata** entrance, entry
**epoca** epoch, age, era
**eppure** (and) yet, still, nevertheless, however
**equilibrio** balance, equilibrium
**erbette** *f. pl.* greens
**eredità** inheritance, heritage
**ermetico** hermetic, airtight
**errore** *m.* error
**esagerato** exaggerated, excessive
**esaltato** excited, elated
**esame** *m.* examination
**esasperato** exasperated
**esatto** exact
**esclamare** to exclaim
**esclamazione** *f.* exclamation
**escludere** to exclude, leave out
**esclusivo** exclusive
**escluso** *p. p. of* **escludere**
**escogitare** to contrive, devise, think out
**escursione** *f.* excursion, outing
**esecrabile** abominable, execrable
**eseguire** to perform, carry out, accomplish
**esempio** example; **ad —** as an example; **per —** for instance, for example
**esercizio** exercise
**esigenza** need, necessity, requirement
**esile** slender, thin, weak
**esistenza** existence
**esperienza** experience, experiment
**esperimento** experiment, trial

**esperto** expert, experienced, skillful
**esplicito** explicit, clear
**esplodere** to explode, burst; **esplose** *3rd pers. pret.*
**esponente** *m.* exponent, representative
**espressione** *f.* expression
**espresso** *p. p. of* **esprimere**
**esprimere** to express
**espulsione** *f.* expulsion, eruption, rash
**essenza** essence
**essenziale** essential
**essere** to be; *n.* being
**estate** *f.* summer
**estensione** *f.* extent, extension
**esterrefatto** amazed, terrified, aghast
**estivo** summer, summery
**estraneo** foreign, alien, extraneous; *n.* stranger
**estremo** extreme, severe
**età** age
**eterno** eternal
**etto** *abbrev. for* **ettogrammo** hectogram (*3.527 oz.*)
**eucalipto** eucalyptus
**europeo** European
**evidente** evident, obvious, manifest
**evoluzione** *f.* evolution


**fabbrica** manufacture, factory
**fabbricato** building
**faccenda** matter, affair, business
**facchino** porter
**faccia** face
**facciata** front, façade
**facile** easy

**facoltà** university faculty; mental faculty
**fagotto** bundle
**famiglia** family
**famoso** famous
**fanciullezza** childhood
**fanciulla** young girl; **fanciullo** young boy
**fantasia** fantasy, fancy
**fantasma** *m.* phantom, ghost, specter
**fantasticare** to daydream
**fantastico** fantastic
**fare** to do, make; — **per** start to; **farsi** to come, appear
**farfalla** butterfly; **cravatta a —** bow tie
**fasciato** dressed (*of a wound*)
**fastidio** bother, trouble, annoyance
**fastidioso** annoying, troubling
**fatica** fatigue, weariness
**faticare** to toil, drudge, work hard
**faticoso** tiring, fatiguing, laborious
**fatto** fact, business
**favore** *m.* favor
**fazzoletto** handkerchief
**febbre** *f.* fever, temperature
**fedele** faithful, loyal
**fegato** liver; **aver —** to have guts, spirit
**felice** happy
**felicità** happiness, joy
**fenomeno** phenomenon
**ferito** injured, wounded, hurt
**feritoia** slit
**fermare** to stop, check, fix; **fermarsi** to stop
**fermo** still, steady
**ferramenta** hardware

**ferro** iron; — **battuto** wrought iron
**festa** holiday, festival
**fetta** slice
**fiabesco** fable-like
**fiaccola** torch
**fiamma** flame
**fiancheggiare** to flank
**fianco** side, hip; **di — a** by the side of
**fiatare** to breathe, speak
**fiato** breath
**fibbia** buckle
**ficcanaso** meddler, busybody
**ficcare** to thrust, drive in
**fico** fig tree, fig
**fidanzamento** engagement
**fidanzare** to engage, affiance
**fidanzato** fiancé
**fidarsi** to trust, confide
**fiducioso** confident, trusting
**fierezza** fierceness, violence, pride
**figlia** daughter
**figlio** son
**figliolo** child, son, boy
**figura** figure, illustration
**figurarsi** to think, imagine
**figurina** slender figure
**fila** row, line, file; **in —** in a row
**filare** to run off, spin
**filato** running
**filo** thread, string, wire, edge
**filosofia** philosophy
**filosofo** philosopher
**filtrare** to filter
**finalmente** finally, at last
**fin: — che** as long as, until; — **da** since, from
**fine** *m.* purpose, goal; *adj.* fine, thin, delicate
**fine** *f.* close, end

finestra window
fingere to pretend, feign
finire to finish, end
fino until, up to
finocchio fennel
finta pretense, sham; fare — to pretend
finto false, feigned
fioco dim, faint, feeble
fiocco ribbon, knot, tuft
fiore *m.* flower; in — in bloom
fiorire to flower, bloom
fisico physical
fisima fancy, whim, caprice
fisionomia face, physiognomy
fissare to fasten, secure, stare at; fissato settled, fixed, obsessed
fissazione *f.* fixation, obsession
fisso *p. p. of* fissare fixed, firm, regular
fitto thick, dense
fiutare to scent, smell
fluido fluid
foglia leaf
foglio sheet of paper
folla crowd, mob
fondale *m.* depth
fondamentale fundamental, essential, basic
fondo bottom, depth; in — basically, at bottom; *adj.* deep
fonte *f.* source
foraggio forage, fodder
forca fork; va alla —! go to the devil!
forchetta fork
forma form, shape
formale formal
formalità formality
formare to form, make, create
formica ant

formula formula
fornello stove; — a gas gas stove
forte strong, large, severe
fortino blockhouse, redoubt
fortuna luck, riches; una colazione di — a makeshift *or* potluck lunch
fortunato lucky, fortunate
forza strength, force; per — necessarily, at all costs
fossetta dimple
fotografia photograph
fra between, among, in
fracassare to smash, shatter
fragilità fragility, frailty
frammento fragment
frangetta fringe
frapporre to insert, interpose
frase *f.* sentence, phrase
frastuono uproar, din
fratello brother
fraterno fraternal
freddo cold; fare — to be cold
fregare to cheat, swindle, take someone in
fregio embellishment, decoration
fremente trembling, shuddering
fremito shudder, throb
freno brake
frequentare to frequent, attend
freschezza freshness, coolness
fresco fresh, cool; *n.* cool, coolness; stare — to be mistaken, be in for a surprise
fretta haste, hurry; in — in a hurry
frettoloso hurried, hasty
fronte *f.* front, forehead; di — in front of, opposite
fronzolo frill
frugale frugal, thrifty

**fruscio**  rustle, rustling
**frutto**  fruit
**fruttuoso**  fruitful, profitable, advantageous
**fuggire**  to flee, escape
**fulmine** *m.*  thunderbolt, lightning
**fulvo**  tawny, fawn-colored
**fumo**  smoke
**funebre**  funereal, funeral
**funzione** *f.*  function
**fuoco**  fire
**fuorchè**  except, but, outside
**fuori**  out, outside
**furia**  fury, rage; **a — di**  by dint of
**furibondo**  furious, violent, wild
**furore** *m.*  rage, fury; **andare in —**  to fly into a rage
**furtivo**  stealthy, furtive
**futuro**  future

**gabbiano**  sea gull
**gaiezza**  gaiety, cheerfulness
**gaio**  gay, cheerful
**galla, a**  afloat, floating, on the surface
**galleggiare**  to float
**galleria**  tunnel
**gallina**  hen
**gallo**  rooster
**gamba**  leg
**gara**  competition
**garantire**  guarantee
**gatto**  cat
**gazza**  magpie
**gelido**  icy, chilly, freezing
**gelosia**  jealousy, shutter
**geloso**  jealous
**gemette** *3rd pers. pret. of* **gemere**
**gemere**  to moan, wail, groan
**gemma**  gem

**gemmato**  studded with gems
**generazione** *f.*  generation
**genere** *m.*  kind, manner
**generico**  generic, general, indefinite
**genero**  son-in-law
**genitore** *m.*  parent
**gentile**  kind, polite
**gesto**  gesture, action
**gettare**  to throw
**ghiaia**  gravel, pebble
**già**  already; yes
**giacca**  jacket
**giaciglio**  straw bed
**giardinetto**  small garden
**giardino**  garden
**ginnasio**  secondary school
**ginnastica**  gymnastics
**ginocchio**  knee; **a —**  on one's knees
**giocare**  to play; **— a carte**  to play cards
**gioco**  game; **— d'azzardo**  game of chance; **— d'acqua**  play of water
**gioia**  joy, delight
**giornale** *m.*  newspaper
**giornata**  day
**giostrare**  to joust
**giovane**  young; *n.* young person; **giovanotto**  young man
**gioventù** *f.*  youth
**giovine** *see* **giovane**
**giovinezza**  youth
**girare**  to turn, go around, wander
**giro**  turn; **in —**  around
**gita**  tour, excursion
**giù**  down
**giudicare**  to judge
**giudizio**  judgment, opinion; **a — di**  in the judgment of

**giungere** to arrive at, reach; *p. p.* **giunto**

**giunta** town council

**giuoco** *see* **gioco**

**giurare** to swear

**giustificazione** *f.* justification

**giustizia** justice, fairness

**giusto** just, fair, right

**globo** globe

**goder(si)** to enjoy

**gola** throat, gorge; **far —** to tempt

**gomma** rubber

**gonfio** swollen, inflated

**gorgheggio** trill, warble

**gorgolio** gurgling

**gozzo** goiter

**gradino** step

**grado** rank, degree

**graduato** graded, progressive

**gragnuola** hail, shower

**grammatica** grammar

**granchio** crab

**grandezza** size, largeness, greatness

**grassoccio** plump

**grato** grateful, thankful

**gravare** to burden, encumber, load

**gravità** gravity, seriousness, importance

**grazia** grace, charm, favor; **grazie** thanks; **grazie a** thanks to

**grazioso** gracious, graceful

**gregge** *m.* herd, flock

**grembiale** *m.* apron

**gretto** mean, shabby, stingy

**gridare** to shout, cry out, yell

**grido** shout, cry, yell

**grigio** gray

**griglia** grating, grill

**grondante** dripping wet

**grosso** large, coarse, rough

**grotta** cave, grotto

**grottesco** grotesque

**groviglio** tangle, knot, entanglement

**gruppo** group

**guadagnare** to earn, gain

**guancia** cheek

**guardare** to look (at)

**guardia** guard, care, protection; **— notturna** night watchman; **far la —** to keep guard

**guardingo** cautious, wary, careful

**guarigione** recovery

**guarire** to cure, recover

**guerra** war

**guida** guide, guidance, direction

**guidare** to guide, lead, drive

**guisa** manner; **a — di** like

**gustare** to enjoy

**gutturale** guttural

**idillio** idyll

**idiomatico** idiomatic

**ignoranza** ignorance

**ignorare** to ignore, be ignorant of, not know, be unacquainted with

**ignoto** unknown, unfamiliar, strange

**ignudo** *see* **nudo**

**illuminare** to light (up), illuminate

**illuminato** lighted (up), illuminated

**illusione** *f.* illusion, dream

**imbaldanzito** made bold

**imbarazzato** embarrassed, perplexed

**imbarazzo** embarrassment

imboccare to enter into, open into

imbocco entrance, mouth, opening

imbroglio scrape, mess, trick, swindle, fraud

immaginare to imagine, suppose; immaginarsi to picture to oneself

immagine *f.* (sacred) image, picture, impression

immenso immense, enormous

immergere to immerse, dip

immerse *3rd p. pret. of* immergere

immerso immersed, absorbed

immischiare to involve, implicate, mix up

immobile motionless, still, immobile

impacciato awkward, clumsy, uneasy, uncomfortable

imparare to learn

impaurito frightened, afraid

impaziente impatient

impedire to prevent, stop, hinder

impegno obligation, engagement, care

impenetrabile impenetrable

impensierito worried, anxious

imperioso imperious, authoritative

imperterrito undaunted, impassive, fearless

impervio inaccessible, unapproachable, impervious

impeto impetus, impulse, outburst

impianto plant, installation

impigliato entangled

impiastricciato smeared, daubed, plastered

implacabile implacable, relentless

imponente imposing

imporre to impose

importanza importance

importare to matter, be of importance

impossessarsi to get hold of, seize, take possession of

impossibilitato unable

imposta shutter

impostare to mail

impressionante impressive, striking

impressionare to impress, make an impression

impressione *f.* impression, sensation

impresso *p. p. of* imprimere

imprevisto unforeseen, unpredicted

imprimere to impress, imprint

improvviso unexpected, sudden; all' — suddenly

impugnare to grasp, grip; impugn

inanimato inanimate, lifeless

inaspettato unexpected

incamminarsi to set out, make one's way

incantare to bewitch, enchant, charm

incantato enchanted, bewitched, charmed

incantesimo enchantment, charm, spell

incanto enchantment, charm

incerto uncertain, doubtful

inchinato bent, curved

inchino bow

inchiodare to nail

incipiente incipient

inclinarsi to lean, incline, bend

inclinato inclined, slanting, sloping

incline inclined, prone, disposed
incollerito angry, enraged
incombenza errand, task, commission
inconfessato unconfessed
inconscio unconscious, unwitting
inconveniente inconvenient; *n. m.* inconvenience
incoraggiante encouraging
incorniciato framed
incupito darkened, clouded over
incurante careless, negligent, thoughtless, heedless
incuriosito roused, made curious
incutere to rouse, inspire
indefinibile indefinable
indiano Indian
indicare to indicate, show
indietreggiare to withdraw, draw back
indietro back, behind
indifferenza indifference
indignazione *f.* indignation
indipendente independent
indirizzo address, direction
indiscreto indiscreet
indispensabile indispensable
indivisibile indivisible
indomani the next day
indomenicato dressed in one's Sunday best
indovinare to guess, conjecture, foresee
indugiare to defer, postpone; indugiarsi to delay, linger
indulgente indulgent, lenient
industria industry
industriale industrial
inebriare to inebriate, intoxicate
inerte inert, motionless
inesplicabile inexplicable
infantile childish, infantile

infanzia infancy
infatti in fact, as a matter of fact, indeed
infelice unhappy, unfortunate
inferiore lower, inferior, below
infermiera nurse
infernale infernal
infilare to put on
infine at last, finally
infinito infinity; *gram.* infinitive; *adj.* infinite
infischiarsi not to care, take no notice of
influsso influence
inforcare to put on (*glasses*)
informare to inform; informarsi to inquire
informe shapeless
infornare to put into an oven
ingannare to deceive, cheat
ingegnere *m.* engineer
inghiottire to swallow
inginocchiarsi to kneel
ingiustizia injustice, unfairness, wrong
ingiusto unjust, unfair
ingombro encumbered, obstructed, crowded
ingresso entry, entrance
inizio beginning, commencement
innalzarsi to rise
innamorato in love
innanzi before, in front of
innato innate
innocente innocent
inoltrarsi to advance, enter
inoltrato advanced, late
inopportuno inopportune, untimely
inquietarsi to become impatient, get angry

**inquieto**  restless, agitated
**inquietudine** *f.*  restlessness, agitation
**insalata**  salad
**insegnamento**  teaching, education
**inseguibile**  unfollowable
**insensibile**  insensible, unfeeling
**insetto**  insect
**insieme**  together
**insistenza**  insistence
**insistere**  to insist
**insomma**  in short, in a word, after all
**insondabile**  unfathomable
**insopportabile**  unbearable, intolerable
**insostenibile**  unsustainable
**installazione** *f.*  installation
**intabarrato**  wrapped in a cloak
**intanto**  (in the) meanwhile, meantime
**intendere**  to understand, hear, mean; **intendersi**  to come to an agreement
**intendimento**  understanding, intention
**intensità**  intensity
**intenso**  intense
**intercalare**  to insert
**interessare**  to interest; **interessarsi** to take an interest
**interesse** *m.*  interest
**interno**  internal, inner, inside
**intero**  whole, entire
**interpretare**  to interpret, explain
**interrompere**  to interrupt, discontinue; **interrotto** *p. p.;* **interruppe** *3rd pers. pret.*
**interstizio**  interstice
**intervallo**  interval
**intervenire**  to intervene
**intervento**  intervention

**intestino**  intestine
**intignarsi** *dial.*  to insist stubbornly
**intimità**  privacy, intimacy
**intimorito**  intimidated, frightened
**intorno**  around, about
**intraprendere**  to undertake
**intreccio**  plot
**intrigo**  intrigue, plot
**inutile**  useless
**invadere**  to invade
**invariabile**  invariable, unchangeable
**invaso** *p. p. of* **invadere**
**invecchiatura**  growing old
**inventare**  to invent
**inventore** *m.*  inventor
**inverno**  winter
**investire**  to invest; attack; **investirsi**  to enter thoroughly
**invisibile**  invisible
**invito**  invitation
**inzeppato**  crammed
**ipomea**  convolvulus
**ipotesi** *f.*  hypothesis
**ippocastano**  horse chestnut (tree)
**iracondo**  quick-tempered, hotheaded, irascible
**ironia**  irony
**ironico**  ironic
**iroso**  angry, wrathful
**irraggiare**  to radiate, spread
**irragionevole**  irrational, unreasonable
**irreale**  unreal
**irrequietezza**  restlessness, uneasiness
**irresistibile**  irresistible
**irritare**  to irritate, provoke
**irrompere**  to burst, break into
**isola**  island

**isolare** to isolate, separate
**ispecie, in** especially, in particular
**istante** *m.* instant
**istintivo** instinctive
**istinto** instinct
**istituto** institute
**itterizia** jaundice

**là** there
**labbro** (*pl.* **le labbra**) lip
**laggiù** over there, down there
**lagnarsi** to complain
**lago** lake
**lagrima** tear
**laguna** lagoon
**lambire** to lap
**lamentarsi** to complain, lament
**lampadina** lamp
**lampeggiante** flashing
**lampione** *m.* streetlight
**lana** wool
**lanciare** to throw, hurl, fling
**languido** languid
**lapis** *m.* pencil
**largo** broad, wide
**lasciare** to leave, allow
**lastricato** pavement; *adj.* paved
**lastrico** paving, pavement
**latte** *m.* milk
**lattuga** lettuce
**laurea** (university) degree
**lavagna** blackboard
**lavorare** to work
**legato** tied, bound
**legge** *f.* law
**leggere** to read
**leggero** light, weak
**legittimo** lawful, legitimate
**legnare** to thrash, cudgel
**legnata** blow with a club *or* cudgel

**legno** wood
**lembo** edge, border
**lente** *f.* lens; **le lenti** glasses, spectacles
**lentezza** slowness
**leone** *m.* lion
**leticare** quarrel, argue, dispute
**lettera** letter
**letteratura** literature
**lettore** *m.* reader
**letto** bed; **lettuccio a rotelle** (hospital) bed on casters
**levare** to raise, lift; **levarsi** to rise
**lezione** *f.* lesson
**lì** there; **di — a poco** a short time later
**libertà** liberty
**licenza** leave, permit
**liceo** secondary school; **terzo —** twelfth grade
**lieto** glad, happy, pleased
**Lido** *beach of Venice*
**lieve** light, slight
**limitare** to limit, restrict
**limpido** limpid
**lindo** neat, clean, tidy
**linea** line
**lingua** tongue, language
**liquidare** to liquidate, settle, clear
**liquore** *m.* spirits, liqueur
**lirismo** lyricism
**lisca** fish bone
**liscio** smooth, plain
**lista** list, menu, band, party ticket
**litania** litany
**litro** litre (*1.1 quarts*)
**livello** level
**livido** livid
**locale** local
**Lombardia** Lombardy
**Londra** London

**lontananza**  distance
**lucciola**  firefly
**luce** *f.*  light
**lucente**  shiny, bright
**lucentezza**  brilliance, brightness
**lucerna**  oil lamp
**lume** *m.*  light, lamp
**luminoso**  luminous, shining, bright
**luna**  moon
**lungo**  long; *prep.* along; **in — e in largo**  everywhere; **a — andare**  in the long run
**luogo**  place, spot
**lusinga**  flattery, enticement, illusion
**lusingare**  to flatter, entice, delude
**lusso**  luxury

**macchia**  spot, stain
**macchina**  machine, car
**macchinista** *m.*  machinist, (train) engineer
**macedone**  Macedonian
**macello**  slaughter-house
**macigno**  boulder
**madre** *f.*  mother
**maestro**  main, masterly; *n.* master
**magari**  even, perhaps; if only
**maggioranza**  majority
**maggiore**  greater, larger, higher; **sorella —**  older sister
**maggiormente**  more, even more
**maglia**  sweater, jersey
**magnetico**  magnetic
**magnificenza**  magnificence, splendor

**magro**  thin, lean, slight
**mai**  never, ever; **se —**  if, if ever in case
**maiale** *m.*  pig, hog
**malato**  ill, sick; *n.* patient
**malattia**  illness, sickness, disease
**malaugurato**  ill-fated, unlucky
**malavoglia**  unwillingness, reluctance, bad will
**malcapitato**  unfortunate; *n.* victim
**male** *m.*  evil, harm, sickness; *adv.* ill, badly
**maledire**  to curse
**malgrado**  in spite of, for all
**maligno**  malicious, malevolent
**malinteso**  misunderstanding
**maltrattare**  to maltreat
**mamma**  mamma, mother
**manata**  slap
**mancare**  to lack, want, be missing
**manciata**  handful
**manco**  not even
**mangiare**  to eat
**manica**  sleeve
**manifestare**  to manifest, show
**manifestazione** *f.*  manifestation
**mano** *f.*  hand; **ultima —**  finishing touch
**mantenere**  to maintain, keep; **mantenersi**  to stay, keep
**manubrio**  handlebar
**marciapiede** *m.*  sidewalk
**marciare**  to march
**mare** *m.*  sea
**margine** *m.*  margin, edge, border
**marino**  marine, sea
**maritare**  to marry
**marito**  husband
**marmato**  cold as marble
**marmo**  marble

**martellare** to hammer, pound, throb

**marzo** *m.* March

**mascalzone** *m.* rascal, rogue

**maschio** boy, man, son, male

**massa** mass, heap

**massiccio** massive, solid

**materno** motherly, maternal

**matita** pencil

**matrimonio** marriage, matrimony

**mattina** morning

**matto** mad, crazy

**mattonella** tile, brick

**maturità** maturity

**maturo** mature, ripe

**mazzo** bunch

**medesimo** same, like

**medicina** medicine

**medico** physician, doctor; *adj.* medical; — **curante** attending physician

**meditativo** meditative

**meditazione** *f.* meditation

**meglio** better, best

**mela** apple

**memoria** memory; a — by heart

**mendace** false, untruthful

**mendicante** *m.* beggar

**meno** less, least, fewer; **fare a —** **di** to do without

**mentalità** mentality

**mente** *f.* mind, intellect; **venir in** — **a qualcuno** to strike one *or* one's mind

**mento** chin

**mentuccia** mint

**meraviglia** surprise, astonishment, marvel

**mercante** *m.* merchant

**mercato** market; **a buon —** cheap, inexpensive

**merenda** snack

**meriggio** midday, noon

**meritare** to merit, deserve

**merito** merit, reward

**merluzzo** cod

**mescolare** to mix; **mescolarsi** to mix, interfere

**messa** Mass

**messo** *p. p. of* **mettere**

**mèta** goal, aim, purpose

**metà** half

**metafora** metaphor

**metallico** metallic

**metamorfosi** *f.* metamorphosis

**meticoloso** meticulous

**metodo** method

**metro** meter (*39.37 inches*)

**metropoli** *f.* metropolis

**mettere** to put, place, set; **mettersi** to put on; **mettersi a** to begin

**mezzo** half, middle, means

**miagolio** mewing

**micragnoso** shabby

**miglio** mile

**miglioramento** improvement

**migliore** better, best

**minaccia** threat, menace

**minacciare** to threaten, menace

**minaccioso** threatening

**minestra** soup

**minimo** minimum, least, smallest

**ministro** minister; — **dell'istruzione** Minister of Education

**minoranza** minority

**minore** least, smallest, younger

**minuto** minute

**miope** *m.* near-sighted person

**mira** aim

**miracoloso** miraculous

**mirare** to aim, look, gaze

mischiare   to mix, mingle
mise *3rd pers. pret. of* mettere
miseria   misery, poverty
misterioso   mysterious
mistero   mystery
misto   mixture; *adj.*   mixed
mito   myth
mitragliatrice *f.*   machine gun
mobile *m.*   piece of furniture; *pl.*
   i mobili   furniture; *adj.*   mobile, moving, movable
mobilità   mobility
moderno   modern
modesto   modest, unassuming,
   moderate
modo   way, means, manner; — di
   dire   expression; ad ogni —
   in any case, anyway
modulo   form, blank
moglie *f.*   wife
molecola   molecule, particle
momento   moment
mondo   world
montagna   mountain
montare   to mount; — la testa a
   qualcuno   to go to someone's
   head
monte *m.*   mount, mountain
monumento   monument
morale   moral
morbido   soft
morboso   morbid, morbose
moribondo   dying, moribund
mormorare   to murmur
mortale   mortal, deadly
morte *f.*   death
mortificato   mortified
morto *p. p. of* morire; *n.*   dead
   man
mortuario   mortuary
mosca   fly
mosse *3rd pers. pret. of* muovere

mosso *p. p. of* muovere
mostra   show, display
mostrare   to show, display, demonstrate; mostrarsi   to appear,
   show oneself
motivo   motive, motif
moto   motion, movement
motrice *f.*   steam engine
motteggio   joke, jest, raillery
mucchio   heap
muggire   to bellow, howl, roar
muovere   to move shift; muoversi
   to stir, move
muraglia   wall
muriccia   dry wall
muro   wall
musica   music
musicale   musical
mutamento   change, alteration
mutandine *f. pl.*   swimming trunks
mutato   changed
mutilare   to maim, mutilate, crip-
   ple

nacque *3rd pers. pret. of* nascere
narratore *m.*   narrator
narrazione *f.*   narration, narrative
nascere   to be born
nascondere   to hide, conceal
nascosto   hidden, concealed; di —
   secretly
naso   nose
natura   nature, kind
naturalezza   naturalness
nazionale   national
neanche   not even
nebbioso   foggy
nebuloso   nebulous
nemmeno *see* neanche
neppure *see* neanche
nero   black; i neri   *the Church*

party (*Guelphs*), the reactionaries
**nervo** nerve
**nervoso** nervous
**nessuno** no, no one, any, anyone
**netto** clean, clear
**neve** *f.* snow
**nidiata** brood, swarm (*of children*)
**nientemeno** no less than
**nobile** noble
**nobiltà** nobility
**noia** boredom, nuisance; **avere a** — to be fed up with
**noioso** boring, annoying
**nome** *m.* name, noun
**nonostante** notwithstanding, in spite of
**normale** normal
**nostalgia** homesickness, nostalgia
**nostalgico** nostalgic
**notare** to notice, note
**notizia** news, information
**nottata** night, period of a night
**notte** *f.* night
**novembre** *m.* November
**nozze** *f. pl.* wedding, marriage
**nube** *f.* cloud
**nudo** bare, naked
**nulla** nothing, anything
**nuorese** *m. & f.* from Nuoro (*Sardinia*)
**nuotatore** *m.;* **nuotatrice** *f.* swimmer
**nuovo** new; **di** — again
**nuvola** cloud

**obbediente (ubbidiente)** obedient
**obbedienza (ubbidienza)** obedience
**obbedire (ubbidire)** to obey

**obbiettare (obiettare)** to object
**obliare** to forget
**oblio** oblivion
**obliquare** to slant
**obliquo** oblique, slanting
**occhiali** *m. pl.* glasses, spectacles
**occhiata** look, glance
**occhiello** buttonhole
**occhio** eye
**occorrere** to be necessary
**occupare** to occupy; **occuparsi** to occupy oneself, busy oneself, attend to
**odiare** to hate, loathe
**offendere** to offend; **offendersi** to feel hurt, be offended, take offense
**offesa** insult, offense, affront; **offeso** *p. p. of* **offendere**
**offrire** to offer
**ogni** each, every
**ognuno** everybody, everyone, each one
**Olimpiade** *f.* Olympiad
**olivastro** olive-colored
**olio** oil
**oltre** further, beyond, in addition, as well as, besides
**omaccione** *m.* big man
**ombra** shade, shadow
**ombrellone** *m.* beach umbrella
**ombroso** shady, shadowy
**ometto** little man
**omogeneo** homogeneous
**onda** wave
**onesto** honest
**onore** *m.* honor
**operato** action, conduct
**opporre** to oppose; **oppose** *3rd pers. pret.*
**opposizione** *f.* opposition
**opposto** opposite, contrary

**oppure**   or, on the other hand, or else
**ora**   hour
**oramai**   now, by now, by then
**orazione** *f.*   oration, prayer
**orbo**   blind in one eye
**ordine** *m.*   order, series
**orecchio**   ear
**organismo**   organism
**orgoglio**   pride
**orientarsi**   to take one's bearings, see one's way clear
**originale**   original
**originariamente**   originally
**origine** *f.*   origin
**orizzontale**   horizontal
**orlo**   edge, hem
**ormai** *see* **oramai**
**oro**   gold
**orologeria**   clock movement
**orologio**   clock, watch
**orribile**   horrible, dreadful
**orrore** *m.*   horror, dread
**orto**   vegetable garden
**ortografia**   spelling, orthography
**osare**   to dare
**oscurarsi**   to darken, grow dark, dim, become obscure
**oscuro**   obscure, dark; **all'—** in the dark
**ospedale** *m.*   hospital
**ospitale**   hospitable
**ospite** *m. & f.*   guest, visitor, host
**ossatura**   bone structure
**osservare**   to observe, watch
**osservazione** *f.*   observation
**ossessione** *f.*   obsession
**osso** (*pl.* **le ossa**)   bone
**ossuto**   bony
**ostacolo**   obstacle
**ostile**   hostile
**ostilità**   hostility

**ostinarsi**   to insist, persist
**ostinato**   obstinate, stubborn
**ostinazione** *f.*   obstinacy, stubbornness
**ottimo**   excellent
**ottobre** *m.*   October
**ovale**   oval
**ovile** *m.*   sheepfold

**pace** *f.*   peace
**padre** *m.*   father
**padrone** *m.*   master, owner
**paesaggio**   landscape, scenery
**paese** *m.*   country; village
**pagina**   page
**pagnotta**   round loaf (*of bread*)
**paio**   pair, couple
**pala**   paddle
**palata**   stroke (*of a paddle*)
**palazzo**   building
**palcoscenico**   stage
**palla**   ball
**pallido**   pale, pallid
**pallina**   marble, shot, pellet
**palma**   palm tree
**palo**   post, pole, stake
**palpebra**   eyelid
**panchetta**   little bench
**panchina**   bench
**pancia**   stomach, belly
**pane** *m.*   bread
**panettiere** *m.*   baker
**panno**   cloth, clothes; **essere nei panni di qualcuno**   to be in someone's shoes
**panorama** *m.*   panorama, view
**paonazzo**   purple, violet
**papà** *m.*   daddy, papa
**papera**   duckling
**pappagallo**   parrot
**paragonare**   to compare

**paralizzare** to paralyze
**parare** to shield, protect, adorn, decorate
**parcheggiare** to park
**parecchio** several, quite a lot, rather long
**parente** *m.* relative
**parere** to seem, appear, look
**parete** *f.* wall
**parola** word
**parte** *f.* part, share, side, way
**particolare** special, particular
**partita** game, match
**partito** party (*political*)
**parve** *3rd pers. pret. of* **parere**
**parziale** partial, biased
**passaggio** passage; **di —** temporary
**passatempo** pastime
**passeggiare** to walk, stroll
**passeggiata** walk
**passero** sparrow
**passo** step, point, passage
**pasticcio** mess, scrape
**pastore** *m.* shepherd
**patata** potato; **patatina** mole-like protuberance
**Pater** (*abbrev. for* **Paternostro**) paternoster
**patire** suffer
**patria** country, native land, fatherland
**paura** fear; **aver —** to be afraid, fear
**pausa** pause
**paziente** patient
**pazzo** insane, crazy, mad
**peccato** sin, pity
**pedata** kick
**peggio** worse, worst
**peggioramento** worsening
**peggiorare** to get worse

**pelare** to skin, peel
**pelle** *f.* skin
**pelo** hair
**peloso** hairy
**pendaglio** pendant
**pendenza** slope, incline
**pendere** to hang, slope, lean
**pendio** slope; **in —** sloping
**penetrante** penetrating, piercing
**penetrare** to penetrate, pierce
**penitente** penitent, repentant
**penitenza** penance
**penna** feather; pen
**penombra** twilight, half-light
**pensiero** thought
**pentirsi** to repent, regret
**per** for, in order to, by, through
**perchè** because; why; *n.m.* reason; **— +** *subjunctive* in order that
**perciò** so, therefore
**percorrere** to cover, run through
**percorso** distance, run, journey; *p. p. of* **percorrere**
**percuotere** to strike, hit, beat
**perdere** to lose, waste; **perdersi** to lose one's way, get lost, fade, disappear
**perdonare** to forgive, pardon
**perfezionare** to perfect, improve
**perfino** even
**pergola** pergola, bower
**pericolo** danger, risk, peril
**pericoloso** dangerous, perilous
**periodo** period, sentence
**perizia** judgment, expert report
**perla** pearl
**permaloso** touchy, irritable
**permanenza** stay, sojourn
**permettere** to permit, allow, let
**però** but, however, yet, nevertheless

persiana   shutter
persino (perfino)   even
perso *p. p. of* perdere
persona   person
personaggio   character, personage
personale *m.*   staff, personnel, figure; *adj.*   personal
persuadere   to persuade
pertugio   hole, perforation
pervenne *3rd pers. pret. of* pervenire   to arrive, attain, reach
pesante   heavy
pescare   to fish
pescatore *m.*   fisherman
pesce *m.*   fish
peso   weight
pestare   to pound
pestata   pounding
petardo   petard, firecracker
pettinare   to comb
petto   chest, breast
pezzato   spotted, speckled
pezzo   piece; da un —   for quite a while
piacere   to please; *n. m.*   pleasure, delight
piacevole   pleasing, agreeable
piacque *3rd pers. pret. of* piacere
piangere   to cry, weep
piano   floor; *adv.*   softly, quietly
pianta   plant
piantagione *f.*   plantation
piantare   to plant; quit, leave off; ben piantato   sturdy
pianto   crying
piastrella   tile
piazza   square
picchiare   to beat, hit, tap
piccino   small, tiny
piede *m.*   foot; fare a piedi   to walk, go on foot; sulla punta

dei piedi   on tiptoe; in piedi standing
piega   fold, crease, pleat
pieno   full, filled; — zeppo crammed
pietà   pity, mercy
pietoso   piteous, pitiful, merciful
pietra   stone; pietruzza   little stone
pietroso   stony
pigiama *m.s.*   pajamas
pigliare *see* prendere
pigna   pine cone
pigro   lazy, indolent
piluccare   to pick, nibble, pluck
pioggia   rain
piombare   to rush
piovere   to rain; — a dirotto   to pour cats and dogs
pipa   pipe
piscina   swimming pool
pittore *m.*   painter
pittura   painting
piuttosto   rather, sooner
placido   placid, peaceful
poco   little, few; *adv.*   little; a — a —   little by little, slowly; da —   for a short time, recently; tra (fra) —   in a little while; ogni —   every now and then
podere *m.*   farm
poesia   poetry, poem
poggiare   to lean, rest on, be based
poichè   since, as, for
policromo   polychrome
politica   politics
pollo   chicken; — alla diavola broiled chicken (*Roman specialty*)
polso   wrist, pulse
poltrona   armchair

**pomeriggio** afternoon
**pomo** apple
**pompa** pump
**pomposo** pompous
**pongo** *1st pers. pres. of* **porre**
**ponte** *m.* bridge
**popolo** people
**porgere** to offer, pass, hand
**porre** to put, place, set
**porta** door; **porticina** little door, gate
**portafogli** *m. sing.* wallet
**portafoglio** portfolio
**portare** to bring, take, carry, lead, wear
**porto** port
**porzione** *f.* portion, part, share
**posare** to place, rest, lean
**posizione** *f.* position
**possedere** to possess; *1st pers. pres.* **posseggo**
**possibile** possible
**possidente** *m.* property owner
**posto** space, place, seat, situation; **a —** in place; *p. p. of* **porre**
**potente** powerful
**potere** to be able
**povero** poor, wretched
**pozzo** well
**praticare** to practice, frequent, associate with
**pratico** practical, experienced
**precedente** *m.* precedent
**precipitoso** precipitous, headlong, hasty
**precipizio** precipice
**precisare** to specify, state exactly
**preciso** careful, precise
**precoce** precocious, premature
**preda** prey; *essere in —* **a** to be prey to

**prediletto** favorite
**predizione** *f.* prediction, prophecy
**predominare** to predominate
**preferenza** preference
**preferire** to prefer
**pregare** to pray, beg, ask
**preghiera** prayer, request
**pregno** impregnated, pregnant, rich
**prelevare** to draw, withdraw
**premettere** to premise, put before
**premiato** rewarded, given a prize
**premio** prize, award
**premura** care, kindness, haste
**premuroso** thoughtful, attentive, solicitous
**prendere** to take, get; **prendersela** to get angry, take it to heart
**preoccupante** preoccupying, troubling
**preoccuparsi** to be worried, anxious
**preoccupazione** *f.* preoccupation, care, worry
**preparazione** *f.* preparation
**preposizione** *f.* preposition
**prepotente** domineering, overbearing
**prese** *3rd pers. pret. of* **prendere**
**presente** present; **tener —** to keep in mind; *n.* present
**presentimento** foreboding, presentiment
**presenza** presence
**preso** *p. p. of* **prendere**
**pressappoco** approximately, nearly, about
**presso** nearby, close at hand, care of
**prestigio** prestige; **giuoco di —** sleight of hand

**presto** soon, quick; **far —** to hurry
**presumibile** presumable
**prete** *m.* priest
**pretendere** to claim, expect, pretend; **pretese** *3rd pers. pret.*
**prevedere** to foresee, anticipate, provide for
**prevedibile** foreseeable
**prezioso** precious
**prima** before, (at) first
**primavera** spring
**principale** principal, main
**principio** beginning
**prisma** *m.* prism
**privilegiato** privileged
**privilegio** privilege
**probabilità** probability, likelihood
**problema** *m.* problem
**procedere** to proceed, continue
**processo** process, course
**prodigioso** prodigious
**prodotto** product
**produrre** to produce, yield, cause
**professione** *f.* profession
**profittare** to profit, take advantage of
**profondo** profound, deep
**profumo** perfume
**progettista** *m.* designer, planner
**progressivo** progressive
**proibire** to forbid, prohibit
**prolungamento** prolongation
**prolungare** to prolong, extend; **prolungarsi** to continue
**prontezza** readiness, quickness
**pronto** ready, quick
**pronunciare** to pronounce, utter; **pronunciarsi** to give one's opinion
**propendere** to incline, be inclined, tend

**propizio** propitious, gracious
**proporre** to propose
**proposito** purpose, intention, subject; **di —** intentionally, on purpose; **a — di** with regard to, in connection with
**proprietario** owner, proprietor
**proprio** own, real; *adv.* just, exactly
**prossimo** next; *n.* neighbor, fellow man
**prostituta** prostitute
**prostrare** to prostrate, overwhelm
**protagonista** *m.* protagonist
**proteggere** to protect
**protervo** insolent, arrogant, relentless
**protesta** protest
**protestare** to protest
**protettore** *m.* protector; *adj.* protective, protecting
**prova** proof, evidence, test
**provare** to prove, show, try, test
**provenire** to arise, come from
**provinciale** provincial
**provocare** to provoke, cause, give rise to
**provvisorio** temporary, provisional
**prudenza** prudence, discretion
**psicologico** psychological
**pubblicitario** advertising
**pubblico** public
**pubertà** puberty
**pudicizia** modesty
**pugno** fist, blow, punch
**pulito** clear, clean, tidy
**pungente** pungent, biting, thorny, sharp
**punire** to punish
**punizione** *f.* punishment
**punta** point, tip, end
**puntare** to point, direct, aim

**punto** point, detail, moment
**può** *3rd pers. pres. of* **potere;** — **darsi** perhaps, maybe
**pure** also, too, as well
**puzza** stench

**qua** here
**quadra** square
**quadro** painting, picture, scene; *adj.* square
**quaggiù** down here, in this world
**qualche** some
**qualcheduno** *see* **qualcuno**
**qualcuno** some(one), any(one)
**quale** what, which, as
**qualsiasi** any, whatever, whichever
**qualità** quality, kind, nature
**quando** when; **di** — **in** — every so often, now and then
**quanto** how much, how many; as much, as many; **(in)** — **a** as to, as for; **per** — however (much)
**quartiere** *m.* neighborhood, district
**quarto** fourth; *n.* quarter
**quasi** almost, nearly
**quatto** crouching, squatting
**quesito** question; *adj.* required, acquired
**questione** *f.* question
**qui** here
**quindi** therefore, then
**quinto** fifth

**rabbia** anger, rage, fury; **far** — to anger
**rabbioso** furious, angry
**raccattare** to pick up, collect

**racchetta** ping-pong paddle
**raccogliere** to pick (up), gather, collect
**raccoglimento** meditation, concentration
**raccomandare** to recommend; **raccomandarsi** to implore, beg
**racconsolare** to console, comfort
**raccontare** to tell, relate, recount
**racconto** story, account, report
**radice** *f.* root
**rado** rare; **di** — rarely, seldom
**radura** glade, clearing
**raffica** squall, gust
**rafforzare** to reinforce, strengthen
**raffreddore** *m.* cold
**raffrescare** to get cool, cooler
**ragazza** girl
**ragazzo** boy, son, child
**raggera** crown
**raggiante** radiant
**raggio** ray; **raggi digamma** gamma rays
**raggiungere** to reach, arrive (at), join; **raggiunse** *3rd pers. pret.*
**ragionare** to reason, discuss, argue
**ragione** *f.* reason; **aver** — to be right
**raigonevole** reasonable, sensible
**rallegrante** cheering
**rame** *m.* copper
**rammaricarsi** to regret, be sorry, complain
**ramo** branch
**rampicante** climbing, creeping
**rana** frog
**rannicchiarsi** to crouch
**rantolo** death rattle
**ranuncolo** buttercup
**rapporto** relation, relationship, connection
**rappresentare** to represent

raro　rare, unusual

rassegna　review; passare in — to inspect

rassegnarsi　to resign oneself

rasserenare　to clear, brighten, cheer up

rassicurante　reassuring

rassomigliare　to resemble

ravviare　to tidy, put in order

ravvicinare　to bring closer; reconcile

ravvoltolare (avvoltolare)　to wrap, roll up

razionale　rational

razza　race, breed

re *m.*　king

realistico　realistic

reagire　to react

reazionario　reactionary

recare　to bring, cause; recarsi　to go, betake oneself

recente　recent

reciproco　reciprocal, mutual

réclame *Fr. f.*　advertising

regalo　gift, present

reggere　to support, bear, carry

regionale　regional

regnare　to reign, rule

regno　reign, kingdom, realm

regola　rule, example

regolare　to regulate, control, adjust, settle; *adj.* regular

relativo　relative, pertinent, respective

relazione *f.*　account, report, connection

remigare　to flap (*wings*)

remo　oar

remoto　remote

rena　sand

renaiolo　sand digger

rendere　to give back, return, produce; rendersi　to become; — conto (di)　to realize

reparto　department, division

replica　answer, reply

requie *f. s.*　rest, peace

residuo　residual, remaining; *n.* residue, remainder

resina　resin

resistente　resistant, tough, strong

resistere　to resist, endure

respirare　to breathe, respire

responsabilità　responsibility

restare　to remain, stay, be, be left

resto　remainder, rest; del — moreover, besides

rete *f.*　net

retorico　rhetorical

retta, dar　to pay attention (to), listen

rettangolo　rectangle

riabbandonare　to abandon again, surrender again

riaffiorare　to surface again

rialzare　to lift (again), raise (again); rialzarsi　to get up again

riassorbire　to reabsorb

ribassare　to lower, reduce, drop

ribattere　to say again, insist

ribrezzo　disgust, horror

ricadere　to fall back, fall again

ricamare　to embroider

ricamo　embroidery

ricchezza　wealth, riches

riccio　curly

ricco　rich

ricerca　research

ricevere　to receive, welcome, accept

richiamare　to recall, call back, attract

richiamo　call

ricolmo   full, loaded
ricomparire   to reappear
riconobbe   *3rd pers. pret. of* riconoscere
riconoscente   grateful, thankful
riconoscere   to recognize
ricordare   to remember, remind
ricordo   remembrance, recollection
ricorrere   to have recourse, appeal,
   run back
ricostruire   to rebuild, reconstruct
ricurvo   curved, bent, crooked
ridacchiare   to giggle
ridere   to laugh
ridicolo   ridiculous
ridiscendere   to come (go) down
   again
ridiventare   to become again
ridotto   reduced
ridurre   to reduce, cut down,
   shorten
riempire   to fill (up), fill in
rientranza   recess, indentation
rifare   to do again, imitate; rifarsi
   to become again, make up
riferire   to report, relate
rifiutare   to refuse, reject
rifiuto   refusal; i rifiuti   rubbish
riflesso *p. p. of* riflettere   to reflect;
   *n.* reflection
riga   line
rigoglioso   luxuriant, blooming
riguardare   to concern
riguardo   regard, respect; nei riguardi di   with respect to
rilesse   *3rd pers. pret. of* rileggere
   to reread
rilevare   to raise, point out
riluttanza   reluctance
rimandare   to postpone
rimanere   to remain, stay, be left;
   rimase   *3rd pers. pret.*

rimasto   *p. p. of* rimanere
rimbalzare   to bounce
rimescolare   to stir, mix
rimesso   well again
rimettere   to put back; rimettersi
   to resume, begin again; rimise
   *3rd pers. pret.*
rimpiangere   to regret, lament,
   mourn
rimproverare   to reproach, rebuke
rimuginare   to rummage, turn over
   in one's mind
Rinascimento   Renaissance
rincorrere   to chase, pursue, run
   after
ringhiera   railing
ringiovanito   rejuvenated
ringraziare   to thank
rinunciare   to renounce, give up
rinvenire   to recover, revive
riparare   to repair, mend, shelter,
   shield
riparo   shelter, protection, rem-
   edy, cure
ripasso   revision
ripercuotersi   to reverberate, re-
   echo, influence; ripercosse *3rd
   pers. pret.*
ripescare   to fish up, find again
ripetere   to repeat
riposare   to rest, be supported by,
   rely on
riposo   rest, repose
riprendere   to take again, resume,
   take back, begin again; ripren-
   dersi   to recover, collect oneself
ripresa   resumption, renewal, recovery
riprova   confirmation; a —   as a
   proof
riprovare   to try again, feel again

**riquadro** square
**risalire** to go up again, rise again
**risarcire** to compensate, restore, repair
**risata** laugh, laughter, burst of laughter
**rischiarare** to illuminate
**rischiare** to risk, venture
**rischio** risk
**riscuotersi** to come to, regain consciousness
**rise** *3rd pers. pret. of* **ridere**
**risentimento** resentment, grudge
**risentire** to feel (again), hear (again), show
**riso** laugh, laughter
**risparmiare** to save, spare
**rispettare** to respect, honor
**rispettivo** respective
**rispetto** respect
**risplendere** to shine, sparkle, glitter
**rispondere** to answer, reply; **risposto** *p. p.*
**risposta** answer, reply
**rissa** fight, brawl
**ristette** *3rd pers. pret. of* **ristare** to remain, stop, cease
**risucchio** swirl, eddy
**risuonare** to resound, echo, ring
**ritaglio** remnant, cutting, clipping
**ritegno** reserve, restraint
**ritenere** to retain, hold, keep, remember
**ritirare** to retire, withdraw, retreat
**ritmo** rhythm
**ritornare** to return, come back, give back
**ritorno** return
**ritrarsi** to withdraw
**ritratto** portrait, picture

**ritrovarsi** to find oneself, meet again
**ritto** upright, erect, straight
**riunire** to join together, combine
**riuscire** to succeed, manage, be able
**riva** shore
**rivedere** to see again, meet again
**rivestito** covered
**rivivere** to revive, come to life again, relive
**rivolgersi** to turn, address; **rivolse** *3rd pers. pret.*
**rivoltarsi** to turn over, turn around, revolt, rebel
**rivoltella** revolver
**rivolto** *p. p. of* **rivolgere** to turn; *n.* cuff, lapel, flap
**roba** stuff, things
**robusto** robust, sturdy
**roco** hoarse, raucous
**romantico** romantic
**romano** Roman; **fare alla romana** to go Dutch treat
**rompere** to break, burst
**ronzio** buzzing, humming
**rosa** rose; *adj.* pink, rose
**roseto** rose garden
**rosolato** browned
**rosso** red; **rosso-lacca** bright red; **i rossi** Reds, Communists
**rotolare** to roll, roll up
**rotta** retreat
**rotto** broken
**rovesciato** upset, overturned, emptied
**rovescio** upside down
**rovinare** to ruin
**rovistare** to ransack, search
**rozzo** rough, coarse
**rubare** to steal
**rude** rough, harsh, severe

**ruggine** *f.* rust; grudge; *adj.* rust-colored
**rughetta** salad green
**rumore** *m.* noise, din
**rumoreggiare** to rumble, make a noise
**ruolo** role
**ruota** wheel
**ruscellare** to flow, run (*of water*)
**rustico** rustic, rural

**sabbia** sand
**sacca** bag; — **da viaggio** traveling bag
**sacco** sack, bag; **vuotare il —** to speak one's mind
**sacerdote** *m.* priest
**sacrificare** to sacrifice, give up
**sacro** sacred, holy
**sagrestia** sacristy
**sala** hall, room; — **d'aspetto** waiting room
**salire** to rise, climb, go up
**salita** slope, ascent, rise
**saltare** to jump, spring, leap
**saltellante** tripping, skipping, hopping
**saltellare** to trip, skip, hop
**salto** jump, leap
**salutare** to greet, say good-bye to; *adj.* healthy, beneficial
**salute** *f.* health, safety
**salvaguardare** to safeguard, protect
**salvo** safe, unhurt, unscathed; *prep.* except (for); **mettere in —** to put in a safe place
**sanatorio** sanatorium
**sangue** *m.* blood
**sanguigno** sanguine

**sanguinoso** bloody, sanguinary
**sanitario** physician
**San Marco** Saint Mark
**sano** sound, healthy
**santo** holy
**sapere** to know, know how, hear, learn
**sapore** *m.* taste, flavor
**saporito** tasty, savory
**sasso** stone, pebble
**Satana** *m.* Satan
**sbagliare** to mistake, make a mistake
**sbaglio** mistake, error
**sbalorditivo** amazing, astonishing, bewildering
**sbarra** bar
**sbarrato** blocked; **con gli occhi sbarrati** with eyes wide open
**sbattere** to knock, beat, bang, slam; **sbattersi** to toss about
**sbattuto** depressed, harassed-looking
**sbieco** slanting, leaning; **di —** obliquely
**sbocciare** to open, begin, blossom
**sbriciolare** to crumble
**sbrigarsi** to hurry, hasten, settle, deal with
**sbucare** to come out of
**sbuffo** puff, snort
**scacciare** to drive away, drive out, expel
**scadenza** maturity; **a — breve** after a short time
**scagliare** to scale
**scala** stairs, stairway
**scalino** step
**scalpicciare** to shuffle
**scalpiccio** pawing, shuffling
**scalpitante** stamping, pawing
**scalzo** barefoot

scambiare   to mistake, change
scambio   exchange, switch
scampagnata   trip into the country
scandaloso   scandalous, shocking
scandire   to stress, scan
scapestrato   reckless, rash; *n.* madcap, daredevil
scapolo   bachelor
scappare   to escape, run away, miss
scardassare   to card, comb (*textiles*); scardassato   in shreds
scarico   clear, unclouded, unloaded, discharged
scarlatto   scarlet
scarpa   shoe
scarso   scarce, scanty, poor
scartabellare   to skim through, thumb through
scartafaccio   scribbling pad
scattare   to fly into a rage, be released, go off
scatto   release; di —   suddenly
scavalcare   to climb over, jump over
scegliere   to choose, select
scelta   choice, selection
scelto *p. p. of* scegliere
scena   scene
scendere   to go down, come down, descend
scherma   fencing
scherzo   joke, jest
scherzoso   playful, humorous, facetious
schiacciato   squashed, flattened
schianto   crash, pang
schiena   back
schizzare   to rush out, dash off
schizzo   splash; caffè con lo —   coffee with a drop of liqueur

sciagura   misfortune, disaster
scientifico   scientific
scienziato   scientist
scintillante   sparkling, twinkling
sciocchezza   foolishness, silliness, stupidity
sciocco   silly, stupid; *n.* fool
sciogliere   to loosen
sciolto *p. p. of* sciogliere; vino —   unbottled wine
sciupare   to waste, ruin
sciupone   wasteful, spendthrift
scivolare   to slide
scolastico   scholastic, bookish
scomparire   to disappear
scomparso *p. p. of* scomparire; scomparve *3rd pers. pret.*
scomposto   upset, disordered, agitated
sconosciuto   unknown
sconsigliare   to advise against, discourage
scontro   collision
scontroso   irritable
scopa   broom
scoperta   discovery
scoperto *p. p. of* scoprire; *n.* outdoors; allo —   in the open
scoprire   to discover, sight, uncover
scoraggiare   to discourage, dishearten
scorgere   to perceive, see, notice
scorrere   to run (along), flow, fly, travel over, glance at
scorrevole   sliding
scossa   shock, shake, bump
scosse *3rd. pers. pret. of* scuotere
scostare   to shift, move, put aside
scostumato   dissolute, licentious
scottante   burning

scottare   to burn

scritto *p. p. of* scrivere

scrittore *m.*   writer

scrivania   desk

scrivere   to write

scrollare   to shake, shrug

scroscio   downpour, shower, roar

scrupoloso   scrupulous

scuola   school; — media secondary school

scuotere   to shake, stir

scuro   dark

scusa   excuse, apology

scusare   to excuse, forgive

sdraio, sedia a   deck chair, reclining chair

sdrucciolo   proparoxytone

seccamente   dryly, coldly

seccarsi   to get angry, irritated, be bored

seccato   annoyed, irritated, bored

secchio   pail, bucket

secco   dry, sharp; — come un chiodo   as thin as a rail

secondo   second; according to; a seconda di   according to

sedano   celery

sedere   to sit, be seated; sedersi to sit down

sedia   chair

seduta   sitting, session, meeting

seduto   seated, sitting, sit down!

seggiola   chair

segnalare   to signal, point out

segnare   to mark; segnarsi to cross oneself

segno   sign, mark, spot

segretario   secretary, town clerk

segreto   secret

seguente   following, next

seguitare   to keep on, continue, follow

seguito, di   in succession; e così — and so on

sella   saddle

selva   forest, wood; — di capelli mass of hair

selvaggio   savage, uncivilized, primitive, wild

sembrare   to seem, look, appear

semiaperto   half-open

semina   sowing

seminascosto   half-hidden

semplicità   simplicity

sensibilità   sensitivity, sensitiveness

sensibile   sensitive, notable, tangible

sensibilmente   sensitively, considerably, notably

senso   sense, sensation, meaning, direction

sentimentale   sentimental

sentimento   sentiment, feeling

sentire   to feel, hear, smell; sentirsi to feel

senza   without;   senz'altro certainly, at once

seppellire   to bury

seppe *3rd pers. pret. of* sapere

sera   evening, night

serale *adj.*   evening, night

serenità   serenity

sereno   serene, clear

serie *f.*   series; di — production model

serio   serious; sul — seriously, in earnest

serpente *m.*   snake

serraglio   menagerie

serrato   closed, shut, concise

serratura   lock

serva  maid
servigio  service, favor
servizio  service, duty, work; donna
di —  maid, woman servant
servire  to serve, be of use; servirsi
to use, make use of
servitore m.  servant
sesso  sex
sesto  sixth
seta  silk
settario  sectarian
settembre m.  September
settimo  seventh
settore m.  sector
severità  severity, strictness
severo  severe, strict
sfacciato  impudent, insolent
sfiorare  to graze, skim
sfocato  out of focus
sfoderare  to uncover, display
sfogliare  to turn over the pages,
skim through, glance over
sfogo  vent
sforzarsi  to strive
sforzo  effort, strain
sfottere  to tease
sfuggire  to escape, slip
sfumare  to evaporate, come to
nothing
sfumatura  shading, nuance
sghembo  oblique, slanting
sghignazzare  to laugh scornful-
ly
sgombro  clear, free, empty
sgomento  dismay, fright
sgridare  to scold, rebuke
sguardo  look, glance, view
sguinzagliato  unleashed, let loose
sgusciare  to slip away, steal away
siccità  drought, dry weather
siccome  as, since
sicuro  sure, certain, reliable, safe

siepe f.  hedge
siesta  nap
sigaro  cigar
sigillato  sealed
sigillo  stamp, zeal
significare  to mean, signify
signora  lady, woman, Mrs.
signore  gentleman, man, Mr.; Signore  Lord
silenzio  silence
sillabare  to syllabify
simboleggiare  to symbolize
simbolo  symbol
simile m.  fellow, fellow man; adj.
like, similar, such
simpatico  nice, pleasant, likeable
sincerità  sincerity
sindaco  mayor
singhiozzare  to sob
singhiozzo  sob
singolare  singular, strange, odd,
remarkable, single
sinistra  left, left-hand, left-wing;
sinister, grim
sinonimo  synonym
sinora  till now, so far, hitherto,
as yet
sintassi f.  syntax
sistema m.  system, method, way
sistemazione f.  arrangement
situazione f.  situation
slacciare  to unlace, untie, undo
slancio  impetus, rush, energy, enthusiasm
slargare  to broaden, increase, ex-
pand, open
smania  frenzy, great desire
smarrimento  dismay,     bewilder-
ment
smarrito  lost,   dismayed,   bewil-
dered
smeraldo  emerald green

**smettere** to stop, leave off, give up
**sminuzzare** to break up, crumble
**smorfia** grimace, wry face
**smorto** pale, colorless
**snaturato** unnatural, inhuman
**socchiudere** to half-close, half-open
**socchiuso** half-closed, half-opened
**soccorso** help, aid, relief
**società** society
**sofferenza** suffering, pain, endurance
**soffio** puff, gust, breath
**soffitto** ceiling
**soffocare** to choke, stifle
**soffrire** to suffer, put up with
**Sofia** Sofia
**soggetto** subject, topic
**soggiorno** stay
**soglia** threshold
**sognare** to dream
**sogno** dream
**solcato** furrowed, streaked
**soldo** penny
**sole** *m.* sun
**solamente** only
**solenne** solemn, grave
**solennità** solemnity, ceremony
**solitario** solitary, lonely, alone
**solito** usual, customary; **al —** as usual
**sollevato** relieved, cheered up
**solo** only, alone
**soltanto** only, solely, merely
**somaro** ass, donkey
**somiglianza** resemblance, likeness
**somigliare** to resemble, look like
**sommario** brief
**sommesso** submissive, docile, subdued
**somministrare** to administer

**sommo** highest, supreme, great
**sonnacchioso** drowsy, sleepy
**sonnambula** sleepwalker
**sonnecchiare** to doze
**sonno** sleep; **aver —** to be sleepy
**sonnolento** drowsy, sleepy
**sopra** on, upon, over, above; **di — ** above, upstairs
**sopraffare** to overwhelm, overcome
**soprattutto** above all, especially
**sorella** sister
**sorgere** to rise
**sorprendere** to surprise, catch, overtake; **sorpreso** *p. p.*
**sorpresa** surprise
**sorridente** smiling
**sorridere** to smile; **— verde** to smile against one's will
**sorriso** smile
**sospeso** hanging, suspended
**sospettare** to suspect
**sospettoso** suspicious
**sospirare** to sigh
**sospiro** sigh
**sostanza** substance, essence
**sostare** to stop, pause
**sostegno** support, prop
**sostenere** to support, hold up, maintain
**sostituire** to substitute, replace
**sottana** skirt, petticoat
**sottigliezza** subtlety
**sottile** subtle, thin, fine
**sottinteso** understood, implied
**sotto** under, beneath, below
**sottocoppa** doily
**sottomesso** subdued, subject
**sottoveste** slip, petticoat
**sottovoce** in a low voice, under one's breath, in a whisper

sovente  often, frequently
sovrastare  to dominate, impend, overhang
spaccare  to split, break
spalancare  to open wide, throw open; spalancarsi  to burst open, be thrown open
spalla  shoulder
spalletta  parapet
spalliera  back (of a chair), espalier
sparire  to disappear
sparuto  lean, haggard
spassarsela  to have a good time
spasso  amusement
spaventare  to frighten, scare; spaventarsi  to be frightened, scared
spavento  fear, fright, terror
spaziare  to rove, carry, space; spaziarsi  to range, rove
spazientito  out of patience
spazioso  spacious, roomy
specchietto  hand mirror
speciale  special
specie f.  kind, sort, species; adv. especially, particularly
specificare  to specify
spedizione f.  expedition
spegnere  to put out, extinguish; spegnersi  to go out, fade, die
spennellare  to brush; colloq. to give someone a pasting
spento  extinguished, out
speranza  hope
spesso  often
spettacolo  spectacle, sight, scene
spettare  to be one's concern, be up to
spettatore m.  spectator
spezzare  to break

spiaggia  beach
spiare  to spy on, watch for
spiazzo  open place, clearing
spicciolo  small change
spiegare  to explain
spietatezza  ruthlessness, mercilessness
spina  thorn
spingere  to push, drive; spinse 3rd pers. pret.
spirito  spirit, soul
spiritoso  witty
spirituale  spiritual
spogliatoio  dressing room
spontaneità  spontaneity
spontaneo  spontaneous
sporco  dirty, soiled
sporgente  protruding, jutting out
sporgere  to jut out, stick out, project
sportivo  sports, sporting
sposare  to marry, get married
sposo  bridegroom, spouse
sprangare  to bolt, bar
sprecare  to waste, squander
spreco  waste
sprofondare  to sink, founder, collapse
sprone m.  spur
sproposito  blunder, mistake
spuma  froth, foam
spuntare  to appear
sputare  to spit
squadra  squad, squadron
squama  scale, flake
squillante  shrill, blaring
squisito  exquisite
stabilire  to establish, fix, set; stabilirsi  to settle
staccarsi  to break loose, come out
staffa  handle

**stagione** *f.* season
**stamattina** this morning
**stampare** to print, stamp
**stampato** printed
**stancarsi** to tire, get tired
**stanchezza** tiredness, weariness
**stanco** tired, weary
**stanga** bar, barrier, pole
**stanza** room
**stare** to be, stay, stand; — **per** to be about to, be on the point of
**stato** state, condition; State
**stavolta** this time
**stazionario** stationary
**stecca** slat
**stella** star
**stellato** starry
**stentato** hard, labored, difficult
**sterilizzato** sterilized
**steso** stretched out
**stesso** same, very, self; **lo** — just the same
**stile** *m.* style
**stilistico** stylistic
**stipare** to crowd, cram, pack
**stoffa** material, fabric
**stomaco** stomach; **mal di** — stomachache
**storcere** to twist, wrench
**storia** story; **storiella** short story, fib
**storpiatura** crippling, maiming
**storto** twisted
**strabocchevole** overflowing, excessive
**stracarico** overloaded
**straccio** rag, tatters
**strada** road, street, way; **farsi** — to make one's way in the world
**strano** strange

**straordinario** extraordinary
**strappare** to tear, pull (up)
**strascicare** to drag, trail
**stravolgere** to twist, rock, shake
**stregare** to bewitch
**stretta** grasp, hold, grip; — **di mano** handshake
**stretto** narrow, tight, strict
**strillare** to scream, shriek
**stringere** to squeeze, grasp; **stringersi** to press against
**striscia** stripe, streak
**strisciare** to drag, shuffle, skim, glide
**stritolare** to crush, smash
**struttura** structure
**studente** *m.* student
**studentessa** *f.* student
**stuoia** mat
**studio** study
**stupefatto** stupefied, amazed, astonished
**stupendo** wonderful
**stupidaggine** *f.* stupidity, foolishness
**stupido** stupid
**stupire** to astonish, amaze; **stupirsi** to be astonished, amazed
**su** on, above, up; — **e giù** up and down; —**!** come on
**subentrare** to take over, replace
**subire** to undergo, suffer
**subito** immediately, at once; *adj.* sudden
**succedere** to happen, follow, befall
**successivo** following
**successo** *p. p. of* **succedere**
**sudare** to perspire, sweat; — **freddo** to be in a cold sweat
**sudato** wet with perspiration

**suddivisione** *f.*  subdivision
**sudicio**  dirty, filthy
**sufficiente**  sufficient, enough
**suggezione** *f.* (**soggezione**)  subjection, awe, uneasiness
**suola**  sole
**suonare** (**sonare**)  to ring, sound, play
**suonata** (**sonata**)  ring
**suono**  sound
**superbo**  arrogant, haughty
**superiore**  superior, higher, upper
**superlativo**  superlative
**superstite**  surviving
**supino**  supine, servile
**supplicare**  to beg, implore, entreat
**supplichevole**  imploring, supplicating
**sussultare**  to start, shake
**sussulto**  start, jump
**sussurrare**  to whisper, murmur
**sussurro**  whisper, murmur
**svagato**  absentminded
**svaporare**  to evaporate
**svariato**  varied
**svegliare**  to wake, rouse; **svegliarsi** to awake
**sveltire**  to rouse, quicken
**svelto**  quick, slender; *adv.* fast, quickly
**svenne** *3rd pers. pret. of* **svenire** to faint
**sventolare**  to wave; **sventolarsi** to fan oneself
**sventurato**  unfortunate, unlucky
**svolto**  open, unrolled
**svuotare**  to empty, deprive

**tabarro**  cloak
**tabella**  timetable, chart
**tacco**  heel
**taccuino**  notebook

**tacere**  to be silent, hold one's tongue
**taciturno**  taciturn
**tacque** *3rd pers. pret. of* **tacere**
**tagliare**  to cut
**taglio**  cut; **a doppio —**  double-edged
**tale**  such (a); **— e quale**  exactly; **un —**  someone, a certain man
**talmente**  so, so much
**talora**  sometimes, at times, now and then
**tana**  den, lair, hole
**tanto**  so, so much, so many; **ogni —**  once in a while; **di — in —**  from time to time, occasionally
**tappezzeria**  wallpaper, upholstery
**tarantola**  tarantula
**tardare**  to delay, be late
**tardi**  late
**tasca**  pocket
**taschino**  small pocket, waistcoat pocket
**tavola, tavolo**  table
**tazza**  cup
**tè** *m.*  tea
**teatro**  theater
**tela**  cloth
**telefonare**  to telephone
**telegrafista** *m.*  telegrapher
**telegrafo**  telegraph
**teleria**  dry goods store
**tema** *m.* theme, subject, topic; *f.* fear, dread
**temere**  to fear, be afraid
**temperamento**  temperament, disposition
**temperato**  temperate, moderate
**tempesta**  storm, tempest
**tempia**  temple (*forehead*)
**tempo**  time, weather; *gram.* tense

**tenace** tenacious
**tenda** curtain
**tendaggio** curtain, drape
**tendere** to tend, be inclined, reach out; — l'orecchio to strain one's ears
**tenere** to keep, hold, take; — a to care about; **tenersi** to hold oneself, keep oneself
**tenerezza** tenderness, fondness
**tenero** tender, soft
**tentare** to try, attempt, tempt
**tenue** slight, thin, small
**tepido** tepid, lukewarm
**terapeutico** therapeutic
**termine** *m.* limit, boundary
**termometro** thermometer
**terra** earth, land
**terrazza** terrace
**terremoto** earthquake
**terribile** terrible
**terriccio** mold, loam
**terrore** *m.* terror
**terzo** third
**testa** head; **montare alla — di qualcuno** to go to one's head; **a —** per person
**Testamento, Vecchio** Old Testament
**testardo** stubborn, obstinate
**testimone** *m.* witness
**testimonianza** testimony
**tetto** roof
**tigre** *f.* tiger
**timbro** stamp, timbre
**timido** timid, shy
**timone** *m.* rudder
**timore** *m.* fear, dread
**tintinnare** to jingle, tinkle
**tintinnio** jingling, tinkling
**tintura** tint, hue
**tipico** typical
**tipo** type

**tirare** to draw, pull
**tiro** throw, shot
**tirrenico** Tyrrhenian
**toccare** to touch, concern, fall; — a qualcuno to be someone's turn, to be up to someone
**tocco** one o'clock
**togliere** to remove, take off, take away; **togliersi** to get out, get off, take off
**toilette** *f. Fr.* toilet, toilette
**tolse** *3rd pers. pret. of* **togliere**
**tolto** *p. p. of* **togliere**
**tomba** grave, tomb
**tonante** thundering
**tonfo** splash
**tono** tone
**topo** mouse, rat
**torace** *m.* thorax
**torcere** to wring, twist, bend
**tormentare** to torment
**tormento** torment
**tornare** to return, come back, go back, become again
**toro** bull
**torpore** *m.* torpor, dullness
**torre** *f.* tower
**torrente** *f.* torrent, stream
**tovaglia** tablecloth
**tovagliolino** bib, small napkin
**tra** among, between, in; — se to oneself
**traballante** staggering, tottering
**traboccare** to overflow
**tradizionale** traditional
**tradizione** *f.* tradition
**tradurre** to translate
**traffita** pang, wound
**tragico** tragic
**tragitto** way, journey
**tramandare** to transmit, hand down
**trampolino** diving board

**tranello**   trap, snare
**tranquillità**   tranquillity
**tranquillizzare**   to calm, soothe
**tranquillo**   quiet, calm, tranquil
**transigere**   compromise, come to an agreement
**transitare**   to pass through
**trapassare**   to hand down
**trapuntato**   embroidered
**trarre**   to draw, get, lead
**trascendere**   to transcend, surpass
**trascinare**   to drag
**trascrivere**   to transcribe
**trascurabile**   negligible
**trascurare**   to neglect
**trasferire**   to transfer, remove
**trasfondere**   to transfuse, instill
**trasgredire**   to infringe, transgress, violate
**trasloco**   move, removal
**trasmutarsi**   to change, be transformed, transmuted
**trasse** *3rd pers. pret. of* **trarre**
**trasvolare**   to fly across, pass over
**trattare**   to treat, deal with; **trattarsi**   to be a question of, be a matter of
**trattenere**   to keep, detain, retain; **trattenersi**   to restrain oneself, stop
**tratto**   stroke, line; gesture; way, trait; **a un —**   suddenly; **— —**   now and then, from time to time; **a tratti**   at intervals
**trattoria**   restaurant
**travaglio**   toil, travail
**traversare** *see* **attraversare**
**traversina**   railroad tie
**traverso**   cross, transverse; **di —**   askew, awry, askance
**travolto**   swept away, carried away
**treccia**   braid
**tregua**   truce

**tremante**   trembling, shaking
**tremare**   to shake, tremble, shiver
**tremito**   shaking, trembling, shivering
**tremolio**   flickering, quivering
**trillo**   trill
**trina**   lace, lacework
**triste**   sad
**trofeo**   trophy
**troncare**   to cut off, break off, interrupt
**tronco**   cut off, broken: *n.*   trunk
**trota**   trout
**trovare**   to find, find out; **trovarsi**   to be situated, find oneself
**truffare**   to cheat, swindle
**tubo**   tube, pipe
**tuffarsi**   to dive
**tuffo**   dive, plunge
**tumulare**   to bury, inter
**tuono**   thunder
**turbare**   to upset, trouble, disturb
**turbato**   upset, troubled, disturbed
**turchese**   turquoise-colored; *n. f.*   turquoise
**turchino**   deep blue
**turista** *m.*   tourist
**turno**   turn; **a —**   in turn
**tuttavia**   yet, nevertheless
**tutto**   all, whole, every; **per —**   all through, throughout; **tutt'altro**   entirely different matters; **tutt'e due**   both; **tutti e tre**   all three

**ubbriaco**   drunk, intoxicated
**uccello**   bird
**uccidere**   to kill, murder
**udire**   to hear, listen
**ufficio**   office
**uggia**   boredom; **avere in —**   to have a dislike for
**uguale**   equal, same

ugualmente equally, all the same
ulteriormente later on, further (on)
*u*ltimo last, latest, utmost
ululare to howl
umanità humanity, mankind
umano human
*u*mido damp, moist, humid, wet
umiliare to humble, humiliate
*u*mile humble, modest, meek
umore *m.* mood, humor, temper
*u*nico only, sole, single
unito united, even
università university
universi*t*ario *adj.* university
uno a, an, one; ad — ad — one by one
uomo (*pl.* u*o*mini) man
uovo (*pl.* le uova) egg
urgente urgent, pressing
urlante shouting, howling, yelling
urlare to shout, yell, howl, scream
urto collision, shove, push, clash
usanza custom, usage
usare to use, employ; be used, be accustomed
*u*scio door, front door
uscire to go out, come out, leave
usignolo nightingale
utili*t*aria utility passenger car

vacanza vacation; andare in — to go on vacation
vacillare to vacillate, totter, wobble, flicker
vagante wandering, roving
vago vague, hazy, indefinite
valere to be worth, be of account
valigetta small suitcase, attaché case
val*i*gia suitcase
vantarsi to boast, brag, be proud of

vapore *m.* vapor, steam
varcare to cross, pass
varietà variety
variopinto multicolored
vass*o*io tray
vasto vast, wide, expansive
vecchi*a*ia old age
vecchia old woman
vecchio old man; *adj.* old; vecchione *m.* venerable old man
vedere to see
veglia watch, waking
vela sail
velenoso poisonous
velluto velvet
veloce swift, fast, quick
velo veil
venato veined
vendita sale
venditore *m.* seller, vendor; — ambulante peddler
venerare to worship, venerate
veneziano Venetian
ventina score, about twenty
vento wind
verbo verb
verdetto verdict
ver*g*ine virgin; **Maria Vergine** Virgin Mary
vergognarsi to be ashamed, feel ashamed
vergognoso shameful, disgraceful
verità truth
verso toward, to, about; *n.* animal sound; side
vestaglia dressing gown
vestire to dress, wear; vestirsi to dress, get dressed
vestito dress
vetrata glass window, glass door
vetrina store window
vetro glass, windowpane
vetta top, summit, peak

**via** street, road, way; *adv.* away, off; **per — di** owing to
**viaggiare** to travel
**viaggio** trip, journey
**viale** *m.* avenue, boulevard
**vialetto** alley, walk
**viatico** support, consolation, provisions
**vibrare** to vibrate
**vibrio** vibration, shimmering
**vicinanza** nearness, proximity, neighborhood, vicinity
**vicinato** neighborhood
**vicino** near, close; *n.* neighbor
**vicissitudine** *f.* vicissitude
**vicolo** lane, alley
**vide** *3rd pers. pret. of* **vedere**
**vigilare** to watch over
**villa** country house, villa
**villaggio** village, hamlet
**villano** rude, impolite
**vimine** *m.* wicker
**vincere** to defeat, beat, win
**vino** wine
**vinto** *p. p. of* **vincere**
**violento** violent
**violenza** violence
**vipera** viper
**virtù** *f.* virtue, quality, power
**visita** visit; **— medica** medical examination
**visitare** to visit; to examine (*medical*)
**visitatore** *m.* visitor
**viso** face
**vista** sight, view; **di —** by sight
**visto** *p. p. of* **vedere; — che** seeing that
**visuale** *f.* view
**vita** life, waist
**vivace** vivacious, lively
**vivere** to live
**vivido** vivid

**vivo** alive, living, bright; *n.* living person
**voce** *f.* voice
**vogare** to row
**vogata** row, rowing
**voglia** wish, desire, longing
**volare** to fly
**volentieri** willingly, gladly
**volere** to want, wish, be willing; **— bene a** to love; **ci vuole** it takes, one needs
**volgare** vulgar, common
**volgere** to turn; **volgersi** to turn (around); **volse** *3rd. pers. pret.*
**volo** flight, flying; **in —** on the wing
**volontà** will
**volse** *3rd. pers. pret. of* **volgere**
**volta** time, turn, vault
**voltare** to turn
**volteggiare** to whirl
**volto** face
**voluttà** delight, pleasure
**voluttuoso** voluptuous
**vomitare** to vomit
**voto** vote, vow
**vuoto** empty, unoccupied

**zampa** paw
**zazzera** shock of hair, mane
**zero** zero
**zigomo** cheekbone
**zio** uncle
**zitto** silent; **star —** to keep quiet, remain silent
**ziu** *dial.* uncle
**zolla** clod, lump
**zompare** to jump, leap
**zona** zone, area
**zucchero** sugar; **— filato** spun sugar, cotton candy
**zuppa inglese** rum-soaked cake with whipped cream